HENRY MOREL

LE
PILORI
DES
COMMUNEUX

BIOGRAPHIE DES MEMBRES DE LA COMMUNE
LEURS ANTÉCÉDENTS — LEURS MŒURS — LEUR CARACTÈRE
RÉVÉLATIONS

PARIS
E. LACHAUD, ÉDITEUR
4, PLACE DU THÉATRE-FRANÇAIS, 4

1871

LE PILORI

DES

COMMUNEUX

HENRY MOREL

LE PILORI DES COMMUNEUX

BIOGRAPHIE DES MEMBRES DE LA COMMUNE
LEURS ANTÉCÉDENTS — LEURS MŒURS — LEUR CARACTÈRE
RÉVÉLATIONS

PARIS
E. LACHAUD, ÉDITEUR
4, PLACE DU THÉATRE-FRANÇAIS, 4
—
1871
Tous droits réservés

AVANT-PROPOS

Écrire l'histoire des hommes de la Commune, c'était se vouer volontairement à une asphyxie morale, tant le bourbier où grouillaient ces êtres immondes était lourd de vapeurs pestilentielles et chargé de miasmes délétères.

Nous pensons que le public nous tiendra compte de notre courage à soulever un des premiers, dans l'intérêt de l'assainissement général, cet amas putride de honte, de fureurs et de sang, sous lequel disparaissait la physionomie de chacun d'eux, grotesques ou terribles.

Car, en faisant défiler devant les yeux du lecteur, ce lugubre cortége d'assassins qui composèrent la danse macabre de la Commune, notre but n'a pas été d'éveiller une curiosité malsaine ou de provoquer un intérêt fiévreux autour du nom de ces misérables.

Élevant plus haut nos désirs, nous avons pensé que les honnêtes gens, mis subitement en présence de ces criminels et de ces fous dont nous avons essayé de peindre, avec la plus rigoureuse exactitude, les vices et les ridicules, en éprouveraient une horreur telle qu'ils se décideraient à abandonner cet éclectisme politique qui leur a été si fatal, résumé dans ce dangereux axiome : « Laisser tout dire, laisser tout faire. »

Si la société n'était composée que de philosophes, se tenant dans les régions sereines de la spéculation pure, les entraves à la liberté de penser seraient inutiles, car les idées se passent assez volontiers des gendarmes.

Malheureusement, des sommets où plane l'intelligence, les spéculations descendent dans les bas-fonds du positivisme, où, en se condensant, elles se formulent par des faits.

Derrière l'ignorant qui s'insurge à main armée contre la société, se trouve le penseur qui lui a soufflé des théories relativement vraies dans les régions éthérées où elles ont été conçues, absolument fausses dans l'application qu'on en fait aux lois physiques et dans les conditions matérielles où elles se produisent.

Suivant les règles de la genèse terrestre, à mesure que les idées, passant, pour me servir d'une expression scientifique, de l'état gazeux à l'état liquide, et de celui-ci à l'état solide, se matérialisent dans les organes cérébraux des êtres grossiers ou ignorants, elles dépouillent de plus en plus le signe de leur origine aérienne, comme celle de l'oiseau, pour revêtir le cachet propre à toute la classe des animaux inférieurs, rampant dans la boue des marais ou repus des cadavres qu'ils habitent.

Les hommes de la Commune ne sont-ils pas, en effet, l'incarnation matérielle, tangible, positive, en un mot, des théories des Proudhon ou des Louis Blanc?

Et tandis que ces philosophes planent d'une aile libre dans leurs spéculations hasardées, nous verrons se débattre dans le bourbier communeux tous les reptiles issus du socialisme.

Un scorpion, ce Rigault, fœtus avorté de l'accouplement bizarre du serpent qui tue par colère et de l'écrevisse qui recule par ignorance et bêtise.

Une vipère, ce Félix Pyat, à la peau noire et visqueuse, autant anguille que couleuvre, sifflant contre tout principe honnête, mordant tout pied qui le frôle, échappant à toute main qui le saisit. Né dans le cloaque, vivant dans la sanie, qui sait dans quel égout il mourra?

Courbet, cet hippopotame soufflé d'orgueil, engraissé de sottise, affolé d'eau-de-vie, écrasant de son seul poids, sans se rendre compte du mal qu'il cause, dans les marécages où il se meut, une foule d'êtres minuscules et inoffensifs que veut caresser son pied, dont la forme rappelle moins celle du cheval que celle de l'âne.

Un caïman, ce Delescluze, à la machoire aiguë, aux dents formidables, aux ongles terribles, mais aux instincts plus terribles encore, traînant son corps écailleux et cuirassé au milieu des roseaux, à la recherche de chair fraîche ou de charogne indistinctement.

A côté, cette limace jaunâtre et visqueuse qui a nom Vésinier, bavant partout le fiel dont elle est pétrie.

Vallès, cette sangsue littéraire, gonflée de pus.

Dombrowski, cet acarus étranger qui pullule dans tout Paris, irritant la pustule qui lui donne asile et la multipliant autant de fois qu'il reproduit ses pareils.

Enfin ces mille parasites, vermine internationale, se ruant à la grande curée de la société parisienne en décomposition.

Nous ne prenons pas le public en traîtrise, ce sont de vilaines bêtes que nous avons pris l'engagement de lui montrer, sous les traits des membres de la Commune.

Mais nous voudrions que, dans cette galerie de portraits, réduction du musée Tussaud de Londres, section des horreurs, le lecteur étranger trouvât, sous chacune de ces toiles, un avertissement sérieux qui le mît en garde et contre cet orgueil philanthropique, à l'abri duquel les assassins trouveront un asile, au mépris de nos lois, et surtout contre cet égoïsme national ou personnel qui aveugle les nations et les individus sur la grandeur des désastres dont ils n'ont pas été victimes.

Si Paris est brûlé, Londres, Genève et Berlin sont intacts, diront-ils. Mais qui sait ce que l'Internationale attend de l'avenir et réserve au monde civilisé ?

LE PILORI
DES COMMUNEUX

RAOUL RIGAULT

Le nom que nous inscrivons en tête de ce volume fut porté par celui des hommes de la révolution dont le caractère garantissait le mieux l'exécution de l'épouvantable projet accompli par la Commune.

Lorsque Rigault mourut, le 24 mai dernier, fusillé les armes à la main, il paraissait avoir de trente-cinq à trente-huit ans. Il n'avait en réalité pas plus de vingt-huit années d'âge.

Rigault était de taille moyenne, très-brun de teint, très-myope, et toujours vêtu de guenilles.

Son visage, aux traits fatigués par la débauche, disparaissait presque complétement sous ses longs cheveux, sa lon-

Cette locution *mince*, employée ici pour *je pense, je crois*, revenait souvent sur les lèvres de Raoul, qui pratiquait volontiers les néologismes de l'argot parisien.

En 1869, Raoul Rigault se lia avec Rochefort et entra à la *Marseillaise*, où il publia quelques articles qui lui valurent plusieurs mois d'emprisonnement, de nombreuses visites domiciliaires et fort peu de moyens d'existence, lorsqu'au mois de septembre 1870, la déchéance du régime impérial vint réaliser l'un de ses rêves les plus chers.

M. Antonin Dubost, nommé secrétaire général de la préfecture de police, sollicita de M. de Kératry et obtint pour son ancien collaborateur de la *Marseillaise* le poste de commissaire de la police politique, précédemment occupé par le *célèbre* Lagrange.

Il était temps !

Plus dépourvu de ressources que jamais, Raoul Rigault était alors sans domicile régulier, errant d'hôtel en hôtel.

Le lendemain de son entrée en fonctions, il se fit habiller à neuf, devint même élégant, d'une élégance de mauvais goût, il est vrai, — et découvrit, par l'entremise de ses amis, un tapissier qui voulut bien lui faire crédit d'un mobilier complet.

Un des signes les plus singuliers de la nature de Rigault est assurément sa mémoire prodigieuse.

Il se rappelait les faits qui lui avaient été racontés plusieurs années auparavant, et, bien que ne pouvant pas se composer de dossiers en raison des fréquentes perquisitions opérées chez lui sous l'Empire, il avait classé dans sa mémoire les noms, faits et gestes d'un grand nombre d'agents de police pour lesquels il fut sans pitié pendant son règne.

Devenu commissaire de police au 4 septembre, Rigault regretta surtout de ne pas toucher les mêmes émoluments que son prédécesseur.

On l'entendit souvent dire aux employés de la rue de Jérusalem :

— *Mince* que je suis aussi adroit que le policier Lagrange; si l'on ne me donne autant de *douille* qu'à ce *réac*, je me vengerai !

Il se vengea en effet peu après, en prenant part à l'insurrection du 31 octobre, et fut révoqué le lendemain.

Devenu simple citoyen, comme devant, Raoul retourna au journal de son ami Blanqui, la *Patrie en danger*; et publia dans cette feuille les documents recueillis par lui au fond des cartons de la police secrète.

Ces articles lui valurent la confiance de quelques habitants du 5e arrondissement, qui le nommèrent aussitôt commandant d'un bataillon de garde nationale.

Plus causeur que belliqueux, Rigault marcha fort peu à l'ennemi et beaucoup sur l'Hôtel de Ville.

Le 18 mars le remit en possession de la préfecture de police, où il put enfin déclarer la guerre, guerre acharnée, implacable, à ses ennemis les *réacs*, le *bondieusisme* et les *bondieusistes*.

Dans ce superbe cabinet, dont les hautes fenêtres donnent sur les jardins de la rue de la Sainte-Chapelle, Rigault, affectant des allures majestueuses que son organe *faubourien* rendait ridicules, appela devant lui l'archevêque de Paris dont il fit plus tard un martyr.

Ceint de l'écharpe rouge et le revolver au côté, il interrogea aussi Chaudey, le curé de la Madeleine et tant d'autres innocentes victimes de sa férocité.

Au milieu des discours prétentieux qu'il adressait aux malheureux arrêtés par ses ordres, Rigault employait souvent des locutions empruntées au *Dictionnaire de la langue verte*, qui détruisaient le caractère magistral qu'il semblait vouloir acquérir.

Priseur acharné, il nuisait encore à son prestige en s'interrompant fréquemment pour aspirer une pincée de tabac.

Aussitôt qu'il se trouvait en présence de quelqu'un, Rigault, présentant sa tabatière, murmurait :

— Une petite prise, citoyen ?

On dit même qu'il offrit sa queue de rat à M. le président Bonjean, lorsque ce malheureux magistrat comparut devant lui.

Sa lugubre besogne terminée, Rigault aimait à hanter, le soir, avec ses accolytes, les cafés du quartier Latin, pour y espionner ses espions.

Il fréquentait aussi très-assidûment le théâtre des Délassements-Comiques, où une jeune figurante, chez laquelle il a été arrêté plus tard, Mlle Marie Dupin, avait su captiver son attention.

Dans les premiers jours du mois de mai, à la suite d'une vive discussion qui s'éleva au sein de l'assemblée communale entre Raoul Rigault et Arthur Arnould, au sujet des trop nombreuses arrestations arbitraires opérées par le délégué à la sûretée générale, ce dernier se démit de ses fonctions de préfet. Remplacé par le citoyen Cournet, il s'occupa néanmoins de la police de Paris jusqu'à sa dernière heure.

En prenant possession de la préfecture, du grand parquet et de la cour suprême, Rigault, prévoyant, sans doute, qu'un jour viendrait où il aurait besoin de disparaître promptement, eut toujours soin de s'informer des issues dérobées qu'il pouvait y avoir dans ces bâtiments.

Il fut pris cependant, on le sait, et fusillé sur les barricades.

On dit qu'il mourut avec plus de bravoure qu'on ne pouvait en attendre de sa part.

Son corps, jeté dans un coin, fut recouvert par un passant, qui plaça auprès de lui un écriteau sur lequel on lisait :

Respect aux morts,
Pitié pour son malheureux père.

DACOSTA

Ses amis l'appellent *communément* Coco.

N'étant pas même de ses intimes, nous ignorons l'étymologie de ce surnom, mais nous supposons qu'il fut donné à Dacosta parce que celui-ci était l'*alter ego* et l'imitateur de Raoul. — Coco, jacquot, perroquet.

Dacosta a longtemps promené au quartier Latin ses longs cheveux blonds et ses petites lunettes, qu'il ne quittait jamais, comme s'il eût craint que l'on ne lût dans ses yeux ce qui bouillonnait dans son cerveau ambitieux.

Quand il était étudiant, Dacosta, alors âgé de vingt-trois ans à peine, prononça, au congrès de Liége, un discours tendant à démontrer que Dieu n'existait pas, qu'il n'avait jamais existé et qu'il n'existerait jamais.

Le catéchisme renversé, quoi!

Cette petite plaisanterie fit renvoyer Coco de l'École de droit par M. Duruy, ministre de l'instruction publique.

Mais Dacosta avait organisé, en vue de son expulsion, une

émeute en règle qui ne manqua pas d'éclater en effet et que l'on dut réprimer par la force.

Coco, après avoir écrit quelques articles dans les journaux de la rive gauche, puis, dans les feuilles irréconciliables, devint l'ami de Raoult Rigault, qui le choisit comme secrétaire lorsqu'il fut nommé, au 4 septembre, commissaire de la police politique, sous l'administration de M. de Kératry.

Lorsque Rigault reçut sa démission, Dacosta le suivit dans sa retraite, et on les vit reparaître tous deux, plus grands que jamais.

Au 18 mars, Coco fut nommé d'emblée substitut du procureur de la Commune.

DOMBROWSKI

Peu d'hommes ont été tués plus souvent que ce général de la Commune et en plus de lieux à la fois.

Il semble que la mort ait eu pour lui le don d'ubiquité, tant à cause de son frère, colonel d'état-major, dont la vue sur les barricades a dû jeter la confusion dans les récits divers, que par le courage déployé par ces deux officiers qui, multipliant leurs efforts, ont donné le change à l'opinion publique, égarée déjà par les noms des nombreux étrangers en *ki* dont la Commune faisait son plus laid ornement.

En dépit des affirmations contraires de la Commission exécutive qui veut que Dombrowski ait été élu chef principal de la dernière insurrection polonaise, et ait tenu tête à l'armée russe pendant plusieurs mois, ce dernier, qui n'avait de polonais que ses bottes à glands et sa vareuse à olives, était Russe de naissance, et servait en qualité d'officier dans les troupes impériales.

Il se battit en Pologne, c'est la vérité, mais contre les Polonais; il se battit dans le Caucase, en Italie, en France, partout enfin où il y avait des coups à donner et de l'argent à recevoir.

Il appartenait à cette nuée de sauterelles cosmopolites qui s'abattirent sur la France, d'abord à la suite de Garibaldi, et sur Paris, enfin, après le siége.

Au demeurant, un condottiere de la plus belle venue.

En cette qualité, bien vu de Garibaldi, qui aurait désiré le voir à ses côtés pendant la campagne de l'Est, Dombrowski, que le général Trochu tenait en suspicion légitime, ne put quitter Paris.

Dès le début du mouvement, au 18 mars, il obtint pour récompense le titre de *général des Buttes* et forma son état-major de tous les citoyens dont les noms semblent empruntés à une revue du Palais-Royal et dont les costumes frisaient la mascarade.

Autour de lui chevauchaient les citoyens *Crapulenski*, Capellaro, Bobiki, ou autrement Babeck, Charalambo, Laudowski, Potampenki, Olinski, aides de camp ou colonels, enfin tous les innombrables *ki* qui faisaient de la France une grande Bohême d'Occident.

Sans patrie, sans fortune, sans avenir, ces étranges républicains, plus souvent repris de justice qu'épris de la République, accouraient à Paris, comme des chiens à la curée, âpres au gain, impétueux à l'attaque, solides à la défense.

— Ce sont ces b...... de Polonais qui nous ont donné le

plus de fil à retordre, disait un vieux capitaine de l'armée de Versailles.

Fusillés d'un côté, ils repoussaient de l'autre ; avec ça, ne comprenant pas d'autre français que le langage brutal du chassepot, il a fallu leur en loger du plomb dans la tête, pour obtenir la paix de ces gaillards-là...

Comprend-t-on combien l'énergie de ces hommes, tournée vers un noble but, aurait pu accomplir de grandes choses ?

Dombrowski, dont le courage surpassait encore celui de ses acolytes, avait, du reste, emprunté au système russe le moyen d'imposer les vertus militaires à ses soldats indisciplinés.

Sur les boulevards extérieurs, on annonce que les Versaillais sont entrés dans Paris.

— C'est faux ! dit un jeune turco de la Commune ; de plus, ils ont été repoussés à l'escalade.

— Mais je les ai vus, de mes yeux, aux Champs-Élysées, petit entêté.

— Parbleu ! reprend l'autre, je le sais aussi bien que vous. Mais il ne faut pas le raconter tout haut, puisque Dombrowski a dit qu'il ferait fusiller tous ceux qui ne le proclameraient pas victorieux.

C'était trahir, chez ces gens-là, que de dire la vérité.

Aussi, la grande préoccupation de tous les généraux de

la Commune était-elle donc pas laisser prise au plus léger soupçon.

Au premier mot, la prison ; au second, la mort.

Dans les derniers temps, alors que toutes les susceptibilités étaient éveillées, tous les soupçons aiguisés, toutes les craintes irritées, la Commune, copiant Quatre-vingt-treize, avait envoyé auprès de chaque général un délégué civil pour le surveiller et le forcer à vaincre.

Dombrowski supportait impatiemment la présence du délégué Dereure.

— Les imbéciles ! croient-ils donc que je veuille les trahir !... répétait-il souvent.

Aussi, quand il tomba frappé d'une balle, les uns disent au Père-Lachaise, les autres à Montmartre, sa première pensée fut celle-ci :

« Ils vont croire que je les ai trahis ! »

Voici le bulletin le plus exact donné sur la mort du général de la Commune, par un étudiant en pharmacie qui lui a donné ses soins dans la nuit du 22 au 23 juin :

« Dombrowski passait avec quelques membres de la Commune, lorsque, rue Myrrha, près de la rue des Poissonniers, il a été atteint par une balle qui lui a traversé les intestins.

« Conduit à la pharmacie Bertrand, rue Myrrha, je lui ai

donné le premier pansement, et l'ai fait transporter à Lariboisière.

« Avant de sortir de la pharmacie, il a prescrit de cesser le feu ; mais les forcenés qui défendaient la barricade ont continué.

« Son épée a été remise par moi à un capitaine du 45ᵉ de ligne. »

Ses dernières paroles, alors que sa voix était déjà éteinte, ses lèvres presque inertes, furent à peu près les mêmes que celles qu'il prononça en tombant : « Je ne suis pas un traître. »

La peur de passer pour un traître était le fantôme qui hantait son cerveau.

En tous cas, on pourra écrire sur sa tombe : « *Bon soldat d'une mauvaise cause.* »

Et il lui en fallait beaucoup de soldats de cette trempe pour triompher à cette cause dont les sectaires dévoilent le but en ces termes :

« La force, voilà ce qui donnera aux travailleurs le sceptre du monde ; hors de là, rien ne peut les tirer de l'ornière de la routine et de la civilisation moderne. »

GOUPIL

Le docteur Goupil, que l'on pourrait justement surnommer le Gagne de la médecine, a été délégué pendant les premiers jours de la Commune au ministère de l'Instruction publique.

Cet Esculape fantaisiste se vantait de connaître et de guérir toutes les affections du corps humain sur le simple examen des urines du malade.

Dans le but de populariser sa découverte, il publia même, il y a quelques années seulement, un petit journal in-4°, sous le titre de :

L'UROSCOPE.

Cette feuille ne vécut que quelques numéros; et ce fut dommage pour les collectionneurs de documents tintamaresques.

Elle mourut d'une maladie que nul médecin — même le docteur Goupil — n'a jamais pu guérir :

Le manque d'abonnés !

CASTIONI

Italien de la bande des Capellaro, La Cécilia, Pizani, Piazza, Charalambo, Castioni ne se distinguait des autres chefs de l'armée communeuse par aucun vice plus frappant ni aucune vertu plus discrète.

Tout aussi voleur que le premier d'entre eux, il avait eu la chance au moins de ne pouvoir cacher ses vols, et la Commune le fit arrêter, victime expiatoire de tant d'autres rapines ! pour la simple peccadille de 10,000 francs qu'il avait cueillis dans les caisses du 7ᵉ secteur dont il était le commandant.

A part cela, le plus honnête homme du monde, au point de vue de la Commune, bien entendu.

Et pourtant il avait fait partie de ce fameux Comité central que Félix Pyat appelait noblement : « *Le père de la Révolution du 18 mars.* »

Et en sa qualité de membre dudit comité, il avait signé une affiche ainsi conçue qui ne laissait pas que de lui causer quelque inquiétude :

« De nombreux repris de justice, y était-il dit, rentrés à Paris, ont été envoyés pour commettre quelques attentats à la propriété, afin que nos ennemis puissent nous accuser encore. »

Heureusement pour Castioni, il avait réussi à faire introduire ce paragraphe sauveur :

« Nous engageons la garde nationale à la plus grande vigilance. Chaque caporal devra veiller à ce qu'aucun étranger ne se glisse dans les rangs de son escouade. »

Vous comprenez mon Italien.

Il signale le menu fretin des gardes, et pendant ce temps-là, lui, le gros poisson de commandant, il échappe au filet.

Le caporal doit surveiller ses hommes ; mais le Comité central, dont fait partie Castioni, a bien d'autres soucis en tête que d'arrêter les voleurs.

C'est bon pour Harpagon de s'arrêter soi-même.

Le Comité n'arrêtait que les gendarmes.

Robert-Macaire avait fait école et Bertrand avait fait peau neuve.

Argent, chevaux, habits, galons, ils avaient tout à discrétion, jusqu'au bon droit, qui paraissait être dans le principe de leur côté.

Que demandait d'abord, en effet, bien benoîtement, il est

vrai, ce petit saint Jean de Comité central? Un conseil municipal pour Paris; un tout petit conseil municipal, pas plus grand que ça, et si joli, et si doux et si bon enfant, qu'on était tenté de crier avec les autres : Un conseil et son cœur!

Mais les choses changent de face, et le programme et le ton des suppliants : le temps de la prière est passé où l'on disait : « Un petit conseil municipal, s'il vous plaît. »

Maintenant c'est un ordre absolu : La Commune ou la mort!

Du petit chanteur piémontais qui vous poursuit dans la rue en vous criant d'un ton larmoyant : « Un petit sou, » au brigand napolitain qui, l'escopette au poing, vous arrache la vie ou la bourse, quelquefois toutes deux à la fois, Castioni, incarnation du Comité central, nous a paru réaliser le type du genre.

EUGÈNE VERMESCH

Le rédacteur principal du *Père Duchêne* est né à Lille, en 1845.

Il débuta dans la carrière littéraire en publiant des vers dans un journal de son département, *l'Écho du Nord*.

Arrivé à Paris vers 1864, il collabora à plusieurs journaux de la rive gauche, où il publia quelques articles qui n'auraient point été déplacés dans les feuilles de la rive droite.

Vermesch ne parlait point encore l'ignoble langage du *Père Duchêne*.

Ses productions de ce temps-là nous le montrent enivré de jeunesse et de poésie, rêvant la douce existence des poëtes, rêve qu'il semble cependant avoir déjà renoncé à atteindre.

Nous retrouvons dans un numéro d'un journal du quartier Latin, la *Fraternité*, du mois d'avril 1866, un article de

Vermesch : *On ne lit plus de vers*, qu'il n'est pas sans intérêt de comparer au style du *Marchand de fourneaux*.

« Quand on demande à un jeune homme quelles œuvres littéraires il produit et qu'il répond : « *des vers*, » il arrive souvent que le questionneur dit aigrement :

« — Des vers ! mon cher monsieur, mais vous n'y songez point ! des vers ! mais ça ne se lit pas ces choses-là ! D'ailleurs la poésie n'a-t-elle pas dit son dernier mot ?

« Parlez donc en prose, en vile prose comme vous dites; vos pensées vous apparaîtront bien plus distinctes et bien plus lumineuses. »

« Voilà ce que l'on dit.

« Et l'on a raison.

« Remarquez bien que je ne m'attaque nullement à la poésie, — Dieu m'en garde ! je ne m'adresse qu'aux poëtes.

« Car, chose triste à dire ! personne ne cherche son originalité en soi, tout le monde suit les chemins battus; personne ne songe à être *lui*, à créer son œuvre avec son âme, tous s'essayent à imiter qui Hugo, qui Lamartine, qui et surtout Musset.

« Musset ! Un adorable poëte, un cœur né au ciel, génie mystérieux chez qui se mariait à la mâle pensée de l'homme fort, la blanche sensibilité de la femme amoureuse, je conviens de tout cela.

. . . .
. . . .

« Pour moi, je ne m'étonne nullement que les journaux politiques et la plupart des journaux littéraires refusent d'insérer des poésies. — Ce sont des épouvantails pour les abonnés, qui les sautent tout comme si c'était un article de M. Havin.

. . . .
. . . .

« Et cependant l'on a vingt ans, on a du sang rouge qui court dans les veines. On a de l'âme, du cœur, une énergie que l'on cherche à endormir, une vie exubérante que l'on s'essaye à comprimer, tout ce qu'il faut enfin pour faire quelque chose, pour créer son œuvre, pour vivifier, pour rayonner, pour vivre enfin.

« Et l'on meurt à vingt-cinq ans, moralement et physiquement abêti et abruti, sur une chaise percée ! »

« EUGÈNE VERMESCH. »

Vermesch renonça donc à la poésie.

Vers la fin de la même année 1866, il entra au *Hanneton*, dirigé par François Polo, dont il ne songea pas à combattre plus tard dans sa feuille, si puissante, l'arrestation illégale.

La série des *Hommes du jour*, publiée plus tard en volume, par la Librairie internationale, avec une préface en vers, — *Les voleurs d'auréoles*, — fit connaître son nom.

Il entra ensuite à l'*Eclipse*, puis au *Paris-Caprice*, où il publia de gracieuses nouvelles à la façon de Gustave

Droz, et collabora enfin aux *Profils contemporains* que publia le *Figaro* au commencement de l'année dernière.

Plusieurs de ses portraits furent remarquables et remarqués.

L'un d'eux, celui du duc de Brunswick — valut au *Figaro* un procès en diffamation.

Environ huit jours avant le 18 mars, Eugène Vermesch fit paraître le premier numéro du *Père Duchêne*, à la longue existence duquel il ne croyait pas lui-même.

Cependant les Parisiens ne virent dans ce petit journal que les expressions souvent drôles dont il était émaillé et la forme spirituelle des articles, sans en approfondir la dangereuse portée.

Vermesch, qui ne croyait au succès que des trois premiers numéros seulement, fut agréablement surpris de recevoir, le quatrième jour de la publication de son journal, *mille et quelques cents francs*, total des bénéfices d'une seule édition.

Il était, foutre ! bougrement content ! et commençait à trouver que les bons bougres qui le lisaient étaient, foutre ! de vrais patriotes.

Malheureusement pour Vermesch, le général Vinoy supprima d'un seul décret six journaux, parmi lesquels figurait le *Père Duchêne*.

Eugène Vermesch se transporta alors à Lyon, où il fit paraître sa brochure quotidienne, jusqu'au jour où la

Commune étant établie, il put venir continuer à Paris sa fructueuse publication.

Sans faire partie de la Commune, Vermesch a été l'un des hommes les plus puissants de ce gouvernement.

Promoteur de presque toutes les mesures les plus terribles que prirent les gens des Comités central et de salut public, ce fut lui qui demanda l'arrestation de Chaudey et l'établissement des cartes d'identité.

A l'abri du danger qu'il sut toujours fuir, tout en organisant le bataillon des *Enfants du Père Duchêne*, il fut implacable envers les réfractaires, dont il demanda chaque jour la recherche minutieuse.

En un mot, presque tous les décrets insérés au *Journal officiel* de la Commune furent proposés par le *Père Duchêne* la veille de leur promulgation.

Eugène Vermesch eut pour collaborateurs au *Père Duchêne*, Maxime Villaume et Alphonse Humbert, dont il sera parlé plus loin.

URBAIN

On peut encore lire aujourd'hui à la porte d'une des maisons de la rue de Verneuil, une enseigne, enrichie de deux médailles, dont voici la reproduction :

INSTITUTION URBAIN.

Mention honorable, très-honorable.

Cet instituteur n'est autre que le fameux Urbain, membre de la Commune, qui proposa et appuya de toutes les forces de son éloquence le fameux projet de loi sur les loyers décrété par les hommes de l'Hôtel de Ville.

Les boutiquiers du quartier de la rue de Lille assurent que l'instituteur Urbain agit ce jour-là dans son intérêt personnel.

Quelque temps après la promulgation du décret relatif aux loyers, le sieur Urbain déménageait de la rue de Verneuil les meubles qu'il avait dû y laisser en nantissement.

PROTOT

Pourriez-vous me dire, vous, monsieur le bien renseigné, à quelle occasion la Commune de Paris s'était alloué le luxe d'un grand juge ?

A quel besoin surtout répondait sa nomination ?

A voir la manière expéditive dont le gouvernement du patriote Delescluze tranchait souverainement toutes les difficultés législatives, il est clair que la place pouvait être occupée indifféremment par un avocat ou un marchand d'asticots.

Pour légiférer dans le sens et à la façon de la Commune qui était bien la vraie façon de Barbari, mon ami, Pothier, Daguesseau et Troplong étaient des sots ou des cuistres, d'avoir cherché la vérité à travers mille chemins détournés et épineux, tandis que cette grande drôlesse frappait toute nue à la porte.

Comment se fait-il que, depuis tant de siècles, on se casse la tête pour faire et perfectionner des lois à peu près passables, tandis que les membres de la Commune avaient plus vite bâclé dix décrets que mangé un œuf à la coque ?

A bas le code, les gloses, les commentaires ! Plus d'étude, de science et de barreau ! crient ces messieurs-citoyens.

C'est pourquoi, revenant à notre question première, répétons-nous :

Pourquoi diable s'être embarrassé d'un avocat, puisqu'il n'y avait plus de chaires de droit, presque pas de tribunaux et si peu de justice de paix ?

Un avocat, quelque révolutionnaire qu'il soit, observe toujours les formes, et la Commune n'en voulait pas plus qu'elle ne les aimait.

Des formes ! allons donc ! le cordonnier Gaillard père n'en avait même plus; ils faisait dans les barricades et recevait ses anciens clients à coups de pavés.

Le citoyen Protot, délégué à la justice comme on disait alors, par décret du 20 avril 1871, était né à Tonnerre en 1839.

Inscrit au tableau de l'ordre, il avait été le défenseur du trop célèbre Mégy, ce qui avait attiré un moment l'attention publique sur son talent de 5e ordre, et l'avait recommandé aux révolutionnaires de la nouvelle école.

Protot avait de la faconde; dans les séances de la Commune, il portait souvent la parole au nom du droit et de la justice, ce qui naturellement ébaubissait ses auditeurs.

Un moment compromis pour cause de société secrète, il

avait échappé aux agents chargés de son arrestation, d'une façon quelque peu romanesque, puis condamné à la prison et à l'amende.

Aussi, victime de la procédure, dont il avait sondé tous les replis, donna-t-il son premier soin à un décret ainsi conçu : « Les notaires, huissiers et généralement tous officiers publics, doivent dresser *gratuitement* les actes de leur compétence. »

Moins bien inspiré dans la discussion au sujet des biens confisqués de M. Thiers, il avait pensé rendre service au chef du pouvoir exécutif, qui avait à cette époque montré une certaine animosité contre les Princes, en demandant que toutes les pièces de la collection de M. Thiers, représentant l'image des d'Orléans, fussent envoyées à la Monnaie.

« Ah ! pour ça, mon juge dirait Jean Hiroux, c'est pas juste, car je crois que vous ne feriez ni une ni deux, pour me coller au clou, si je me permettais de vous emprunter sans votre permission les effigies du père Philippe que vous pouvez avoir dans votre porte-monnaie. »

La cause est entendue, allez vous asseoir, aurait indubitablement répondu le grand juge au citoyen Hiroux. Car c'est ainsi que ces hommes qui faisaient une révolution au nom de la justice entendaient pratiquer cette dernière.

Et cependant Protot était un des plus doux parmi ces loups enragés.

Son éducation au séminaire lui avait laissé quelque chose d'insinuant et de patelin dans les manières qui pouvait tromper l'observateur superficiel.

Au physique, grand, mince, air austère, cheveux noirs taillés en brosse, petit bouquet de poil de chaque côté des joues se reliant à un collier de barbe, il avait passablement le physique de l'emploi et ne devait point trop déparer *la robe* rouge dont il s'était revêtu pour présider à l'installation de la justice de la Commune.

Mais que dire de la tenue de ces aides, qui, en dépit de leur toge empruntée au vestiaire de la Cour, donnaient moins l'idée d'une assemblée d'honorables juges de paix que d'un congrès de truands déguisés !

LEBEAU

Grand gaillard d'une trentaine d'années, à la démarche militaire.

Lebeau a porté, en effet, les épaulettes de sous-lieutenant dans l'armée active, et fut cassé de son grade pour inconduite peu après sa nomination.

Ce détail était une recommandation auprès des membres de la Commune.

D'abord délégué à la direction des télégraphes, Lebeau fut fait ensuite lieutenant-colonel de la 6e légion, et se livra avec une ardeur acharnée à la chasse aux réfractaires.

Les habitants de la rive gauche se souviendront longtemps de l'avoir vu parcourir leurs quartiers sur un superbe cheval de selle, *trouvé* par lui dans les écuries de Msr Darboy.

Lebeau fut un instant délégué au *Journal officiel*.

Alfred-Alphonse Lebeau est né à Lille, le 8 novembre 1839.

Avant d'être chef de la 6e légion, il était employé dans une maison de commerce à Paris.

PHILIPPE

Maire et incendiaire de Bercy.

Membre de la Commune, élu par 1,225 électeurs dans le XIIe arrondissement.

Ce personnage, — digne de servir le gouvernement du 18 mars, — après avoir passé cinq années consécutives au bagne, vint à Paris à la recherche d'une position sociale.

On assure qu'il dirigea deux maisons de tolérance,

L'une située rue des Regrattiers.

L'autre barrière du Trône.

Pendant les heures de loisir que lui laissait la direction de ces établissements, le sieur Philippe s'occupait d'affaires telles que : ventes et achats de fonds de commerce.

On assure même que si l'ignoble feuille qui s'intitulait *Paris libre*, eût vécu quelques jours de plus, et que Philippe n'eût pas fait partie de la Commune, son nom aurait figuré sur les listes de mouchard publiées par ce papier immonde.

Philippe, racontant à l'un de ses semblables comment il avait chassé les religieuses de Bercy, disait naïvement :

— Ces b..... là m'ont donné plus de fil à retordre que mon boulet pendant cinq ans.

CLUSERET

Cluseret naquit le... en 18...

Il mourut le... en 1871.

Si tu veux être sage, ami lecteur, tu te contenteras de ces dates largement dubitatives sur l'âge et sur la mort de ce héros des barricades. Car bien rusé est celui qui pourra jamais débrouiller les aventures contradictoires de ce maître-Jacques révolutionnaire, que la France et l'Amérique se disputent l'honneur de n'avoir pas vu naître.

Le meilleur moyen de savoir quelque chose sur cet homme cosmopolite consiste à se glisser dans les lieux publics, pour tâcher de recueillir quelques renseignements.

Ainsi avons-nous procédé.

Tenez, voici M. Spencer, de la maison Churchill Spencer et C°, armateur de New-York, et M. Martin, premier avocat de Pontoise, attablés autour des nouvelles du jour éparpillées sur les tables du café de la Régence, et devant une multiplicité de bocks vides, tandis que ces deux messieurs cherchent à élucider la question des origines du général communeux.

— Au demeurant, fait M. Martin, vous devez le connaître mieux que moi, vous, son compatriote !

— Permettez, riposte Spencer, pour l'avoir entretenu dans une réunion publique à Boston, ce n'est pas une raison pour qu'il soit mon compatriote.

— Cependant ne portait-il pas le titre de citoyen américain.

— Comme il portait celui de général qu'il avait pris *motu proprio*. Car cet homme avait la rage de tout prendre. Pour moi, j'ai de bons motifs pour croire que ce Cluseret n'était qu'un Américain de Billancourt, ou plus exactement de Suresnes, ce pays du vin à quatre sous qui met sens dessus dessous.

— Ah! charmant! parfait! ne peut se dispenser de se récrier M. Martin, à l'aspect d'un calembour qui avait le mérite d'expliquer en partie le mouvement communal.

— Ah! ça! est-il, oui ou non, arrêté ?

— Qui ça, le mouvement ?

— Non, le général Cluseret.

— Oh! fait négligemment Spencer, on en a arrêté plusieurs.

— Tiens ! je ne croyais pas qu'il eût des frères, réplique naïvement Martin.

— Non pas ses frères, mais ses doubles ! Ici, mon cher

monsieur, votre étonnement paraît appeler une explication nécessaire.

Cluseret appartient à cette race d'êtres qui n'ont pas plus de famille que de nom ou de patrie.

Tour à tour Irlandais, Américain ou Français, séminariste, soldat, pasteur ou général, Cluseret et Auliff, fénian, papiste ou communeux, il a servi Dieu, Garibaldi et le diable, toujours prêt à se vendre à tout le monde, même au dernier des trois, qui, n'en voulant à aucun prix, le céda à la Commune.

— Mais avant d'aller si loin, c'est au diable que je veux dire, Cluseret n'avait-il pas servi dans l'armée fraçaise ? car il y a certaine histoire de moutons et de couvertures dont je ne peux parvenir à trouver le fil.

— Vous avez raison, capitaine. Dans un bataillon de chasseurs en Afrique, il trafiquait des chevaux de l'armée. Un jour on s'aperçut, en vérifiant la comptabilité de sa compagnie, que, nonobstant les chaleurs torrides du climat, un grand nombre de couvertures avaient été détournées. On les porta à l'actif du capitaine Cluseret, qui n'en fut pas plus à couvert pour cela contre la sévérité des lois militaires. Il fut forcé de donner sa démission.

— Mais les moutons, je ne les vois pas là dedans.

— J'y arrive. De militaire, devenu berger ou fermier de M. Carayon-Latour, à Churchill, il paissait ses agneaux d'une façon si singulière que plus de cent bêtes, sur un troupeau de trois cents moutons, disparurent soudain.

En bon pasteur, il ne tondait pas la laine de ses moutons, il les faisait tout simplement filer sur le marché de la ville voisine où il les vendait à son profit.

Ses exploits en Amérique n'étaient pas tellement connus qu'il désespérât de trouver d'autres dupes. Il se fit journaliste.

— Ah! oui, insinue le judicieux Martin, après les moutons, les canards, cela va de soi.

— Précisément; et il y joignit la spécialité de plumer les pigeons.

Ceci se passait au moment où l'Italie était en train de se constituer par la révolution. Cluseret, qui habitait Londres, offrit ses services à un grand journal américain pour lui envoyer des correspondances sur les événements italiens, événements qu'il était parfaitement à même de juger et de raconter, puisque, d'après son dire, il allait être acteur dans le drame, en sa qualité de capitaine d'un régiment dont lui seul connut jamais le numéro.

Le directeur, qui ne voyait en Cluseret qu'un soldat loyal, mit à sa disposition une somme de 100 livres sterling comme avances et pour frais de voyage.

L'argent en poche, il part; et jamais oncques le journal n'en reçut de nouvelles, si ce n'est un an après, par une lettre dans laquelle le correspondant militaire réclamait 600 francs pour solde des correspondances qu'il n'avait jamais écrites ni envoyées.

— Et que répondit le directeur du journal ?

— Vous n'êtes qu'un innocent ! répondit le directeur ; mais c'était à lui-même qu'il s'adressait.

Se trouvant, il y a trois ans, à Paris, notre condottiere cosmopolite, dont les besoins égalaient l'impudence, sollicita de l'empereur une audience pour lui soumettre un projet de réorganisation de l'Algérie.

C'était neuf, hardi, peut-être impraticable, trois raisons majeures pour attirer l'attention de Napoléon III qui lut le manuscrit séance tenante.

Malgré le masque impénétrable sur lequel se dissimulaient les sensations du prince, Cluseret devina que son plan était étudié, et résolut de suivre la veine que le sort mettait à sa portée.

Il aborda carrément la question financière, la seule du reste qui l'intéressât ; car des Arabes, il s'en souciait au fond autant que du Grand Turc.

— Eh bien, sire, fit-il, que pensez-vous de mon projet ?

— Il y a du bon.

— N'est-ce pas que c'est de l'or en barres ?

L'empereur, pour toute réponse, sourit en soulevant légèrement du doigt le mince manuscrit.

— Combien en voulez-vous ?

— Oh ! sire, les idées sont comme le diamant. Elles n'ont de valeur que par le volume qu'on leur donne.

— Ce sera cher alors.

— Un million, n'est-ce point assez? fit modestement Cluseret.

— La France est trop pauvre pour vous acheter vos idées, monsieur Cluseret, dit l'empereur en se levant pour donner congé.

— Si la France n'a pas d'argent, Votre Majesté est assez riche en tout cas pour acheter des papiers au poids.

— Que voulez-vous dire? fit l'empereur un peu plus vivement.

— Mon Dieu, rien, si ce n'est que j'ai en ma possession des lettres très-précieuses du prince Louis, autrefois président de la République, et qui me rapporteront plus que mon plan sur l'Algérie, si j'ai la bonne fortune de les mettre sous les yeux de Votre Majesté.

— Ces papiers sont donc aussi à vendre?

— Aussi bien que le dévouement de l'homme qui vous le propose.

— Ce sera cher?

— Le double de ce que je demandais tout à l'heure, fit Cluseret en s'inclinant.

— Je ne dis pas non ; nous verrons ça plus tard, répliqua l'empereur en se levant.

L'audience était terminée ; force fut au général de se retirer, poursuivi par le regard de son interlocuteur qui semblait une menace, tandis que ses paroles contenaient une promesse.

Quelque temps après, Cluseret ayant publié dans un journal un article assez virulent, fut arrêté et conduit à la frontière avec tous les égards qu'on doit à un homme qui a dans sa valise des petits papiers impériaux.

Mais au delà de la France, quand il voulut relire les autographes princiers, il s'aperçut qu'on s'était empressé de le débarrasser d'une correspondance aussi compromettante pour le signataire que dangereuse pour le colporteur.

Parmi les aventures dont la vie de Cluseret abonde, la légende lui attribue le projet d'attaque contre le château-fort de Chester, en 1867, qui valut à son auteur un emprisonnement de quelque temps sous le nom de M. Auliff.

Ce personnage a raconté dans une sorte de *factum*, écrit dans la prison, qu'élevé d'abord par un prêtre, il avait bientôt jeté la soutane aux orties, pour s'engager avec plusieurs de ses compatriotes dans la brigade du pape, contre lequel marchait Garibaldi.

Cluseret ou Auliff se fit remarquer parmi les défenseurs

du Saint-Père ; mais une blessure qu'il reçut alors le fit renoncer pour un instant au métier des armes.

Affilié au fénianisme, il parcourut l'Angleterre pour y prêcher la nouvelle doctrine, tenta de s'emparer du château-fort de Chester, projet avorté, et finalement habitué à vendre quelqu'un ou quelque chose, proposa au gouvernement de lui fournir des renseignements sur ses coréligionnaires.

Pour échapper à la vengeance de ces derniers, indignés de cet abus de confiance, il se réfugia en France dans une communauté religieuse, dont il sortit bientôt après pour se rendre à Lyon et Marseille, partout enfin où la révolution avait besoin d'un chef.

Mais où le roman devient de l'histoire et la légende se fait vérité, c'est à partir du jour où Cluseret, nommé membre de la Commune du 1er arrondissement, puis délégué à la Guerre, après les fautes de ses devanciers, essaye d'arrêter le désarroi de l'administration de la guerre et la confusion des opérations militaires.

Désespérant de la victoire, il essaya de se vendre au gouvernement de Versailles qui repoussa ses avances avec dédain.

Furieux, il vient se livrer lui-même à la Commune qui ordonne son emprisonnement, et ne le relâche qu'au moment de l'entrée des troupes de Versailles dans Paris.

Voici la lettre qu'il écrivait à ses collègues, le 19 mai :

« Chers collègues, voilà vingt jours que, détenu préventivement, j'appelle en vain celui de la justice ;

« Et pourtant nous avons tous combattu contre la détention préventive ;

« Comme membre de la Commune, j'ai droit à mon siége.

« Comme enfant de Paris, j'ai droit à défendre ma ville natale ;

« Comme homme, j'ai droit à la justice ; ne me la refusez pas.

« A quoi suis-je utile ici ?

« Et surtout pénétrez-vous bien de cette pensée, que je suis de ceux qui croient qu'il y a autant de gloire à obéir qu'à commander, quand le peuple gouverne.

« Cluseret. »

EUGÈNE GARNIER

Raoul Rigault se leva un beau matin de l'humeur d'un bull-dog auquel on aurait dérobé un os.

— Tu as l'âme noire aujourd'hui, Raoul, fit Pilotell, en frappant sur l'épaule de son maître.

— Non, j'ai l'âme rouge! répondit le délégué à la police.

Raoül Rigault aimait à faire de ces sinistres jeux de mots.

— Pourquoi?

— Je m'ennuie.

— Veux-tu que l'on arrête quelqu'un pour te distraire?

— Qui cela?

— Laisse-moi faire.

— Fais si tu veux, reprit le maître insouciant.

Deux heures après, M. Emile Perrin était arrêté sous l'inculpation d'avoir refusé son concours aux représentations philanthropiques organisées par la Commune.

Le lendemain, un décret, à peu près ainsi conçu, paraissait au *Journal officiel :*

« Le citoyen Eugène Garnier est nommé directeur de l'Académie de musique, en remplacement du citoyen Emile Perrin, démis de ses fonctions.

« *La Commune de Paris.* »

Eugène Garnier a aujourd'hui environ trente-deux ans.

Fils d'un ancien acteur, devenu aujourd'hui l'un des plus honorables propriétaires de Champigny, il fit ses débuts dramatiques sur les planches des théâtres de province.

A Paris, il joua quelque temps à Beaumarchais ; puis, après avoir donné quelques représentations aux environs avec la troupe de Mme Armand, il reparut à la Porte-Saint-Martin dans le rôle du Prince Charmant, de la *Biche au Bois*.

Un peu plus tard, il entra aux Bouffes-Parisiens, puis partit de nouveau en province avec Mme Ugalde, et ne revint plus que pour occuper les hautes fonctions que lui confia la Commune.

On voit par les détails qui précèdent qu'Eugène Garnier

essaya un peu de tous les genres — depuis le drame jusqu'à l'opérette — et ne réussit ni dans l'une ni dans l'autre.

Le rôle du Prince Charmant fut celui qu'il interpréta avec le plus de succès.

Sa physionomie douce, ses yeux bleus, sa petite taille, convenaient au héros de la *Biche au Bois*.

PASSEDOUET

Auguste-Jules Passedouet atteignait sa trente-deuxième année, quand il se sentit, comme Jésus-Christ, en âge de remplir sa mission.

Sa croix fut la mairie du 13ᵉ arrondissement à gérer, et son Golgotha, encore une mairie, celle de la Villette, où l'avait envoyé la Commune.

« Pardonnez-lui, mon Dieu, elle ne sait pas ce qu'elle fait ! » murmurèrent les administrés.

En récompense, il fut crucifié au milieu d'un nombre incalculable de larrons.

Passedouet avait été d'abord marchand de vins à la barrière Fontainebleau, ce qui m'autorise à croire qu'il avait pratiqué le baptême sur une large échelle, ou, pour parler plus exactement, sur de nombreux tonneaux ; de là, il s'était lancé dans l'administration des journaux.

Au liquide, avait succédé la liquidation des feuilles qu'il avait gérées et dont l'écoulement était plus difficile à pratiquer que celui de ses fûts à arrêter.

Gérant du *Globe,* du *Corsaire,* du *Satan*, incarnation du diabolique Lhermina, et de quelques autres journaux persécutés par le ministre Pinard, il s'était fait de l'infortune de ces feuilles envolées un titre de civisme auprès des hommes du 4 septembre qui l'avaient improvisé maire, avec tous les avantages inhérents à la position et aux défauts personnels à l'homme.

Johannard le facétieux l'appelait *Passedroit* ; et ses agneaux, je veux dire ses administrés qu'il écorchait plus qu'il ne les tondait, lui *beslaient* quelquefois ce sobriquet à l'oreille, dans l'unique intention de le rappeler au devoir de bon pasteur.

Comme celui-ci il eut son heure de transfiguration, étrange phénomène d'optique qui lui montrait les hommes au rebours de ce qu'ils étaient, et à la suite duquel il publia cette lettre incroyable dans laquelle il attribuait les incendies de Paris aux soldats de Versailles.

Son précurseur dans cette voie réjouissante fut un ex-spirituel journaliste, nommé Lockroy, devenu, comme Rochefort, un député assommant.

C'est le sort des hommes d'esprit qui font de la politique; ça les fait tourner, dirait la cuisinière de M. de Bièvre.

Or, le citoyen Lockroy avait écrit à l'*Opinion nationale* pour rectifier la nouvelle de l'assassinat des généraux Clément Thomas et Lecomte par les insurgés de Montmartre.

— Il paraît, disait-il, que ces généraux ont été au contraire tués par leur propres soldats.

Ah ! quelle fine ironie, Monsieur Lockroy ! mordante jusqu'au sang !

Il est vrai que vous êtes si peu député maintenant !

———

3.

EMILE REGNIER

L'un des nombreux commandants de la flottille de la Seine.

Emile Regnier a aujourd'hui vingt-quatre années d'âge.

A la suite de quelques écarts du droit chemin, qualifiés alors de péchés de jeune homme, Regnier fut contraint par sa famille de s'embarquer en 1862 sur un navire de guerre, à l'équipage duquel il fut attaché jusqu'en 1866.

De retour à Paris, il se maria et ne tarda pas à se trouver dans une situation financière qui l'obligea de travailler avec sa sœur, marchande à la halle.

Les badauds ont pu le voir plus tard, vêtu d'un maillot de fil blanc, les deux poignets entourés d'un bracelet de cuir et les pieds chaussés de brodequins fourrés, soulevant à bras tendu des poids de cinquante kilogrammes sur la place Saint-Jean.

Un proverbe dit qu'il n'y a pas de sots métiers, et ce proverbe a raison.

Un homme qui se fait saltimbanque pour nourrir sa femme est assurément un honnête homme.

Mais est-il bien propre à commander les forces navales de la France?...

Ce fut pourtant l'avis du galonné Dombrowski, sur la proposition duquel il fut appelé à remplir ces hautes fonctions.

Regnier se faisait remarquer « pendant le second siége » comme il est convenu d'appeler le règne odieux des communards, par l'excentricité de son costume, composé d'une vareuse rouge ponceau sous une tunique d'officier de marine.

COMBAULT

Ouvrier bijoutier, Combault (Amédée-Benjamin-Alexandre) comme tous ses pareils, était doué d'une instruction fort incomplète qui ne lui surchargea pas le cerveau.

Il dévora plus qu'il ne lut quelques traités d'économie politique et se farcit la tête d'utopies socialistes, qu'il ne comprenait pas, mais qu'il admirait.

Là-dessus il se forme une opinion carrée, comme on dit, bouleverse les institutions au gré de ses rêveries, et part de là pour demander à la société une révolution radicale à laquelle sa résidence à Londres parmi les réfugiés politiques et son affiliation à l'Internationale ne fait que donner un caractère plus urgent de nécessité.

Rien n'est plus terrible dans ses conséquences, de plus radical dans sa logique, de plus faux dans son point de départ, que l'ignorant fasciné par une de ces œuvres philosophique qui enlèvent l'homme à la terre pour le régénérer dans un Eden d'égalité chimérique et de bonheur irraélisable.

Ce fut dans le livre d'Edgar Quinet, *les Révolutions*

d'Italie, qu'Assy l'ouvrier mécanicien, du moins le raconte-t-on, qui était incapable de comprendre le penseur, à cause de l'insuffisance de son instruction, mais dont l'imagination avait été frappée, puisa l'idée de ressusciter la Commune.

Sans comprendre que les conditions de la société humaine s'étaient modifiées, sans tenir compte du temps et du lieu où s'étaient accomplis les luttes des villes italiennes au moyen âge, contre l'empire et la royauté, Assy, tout en bouillant d'un désir, n'eut plus qu'un but : faire revivre le moyen âge avec les luttes de cité à cité, les fédérations, les révolutions, pour affranchir son pays du despotisme et de la centralisation.

Il en fut de même de Combault, qui, plus ignorant et non moins exalté, revenait en France, chargé par l'Internationale d'organiser à Paris la section de Vaugirard.

Compromis par l'ardeur de ses convictions dans le procès de 1870, il fut condamné, le 5 juillet de la même année, à un an de prison et 100 francs d'amende.

Elu membre de la Commune le 16 avril, dans les 9e et 19e arrondissements, Combault est l'exemple et le résultat de la puissance du suffrage universel discipliné et obéissant à un mot d'ordre.

Dans le quartier où il fut nommé, un grand industriel qui avait occupé ses ouvriers pendant tout le temps du siége et s'était toujours montré patron généreux, citoyen dévoué, pensa qu'il était de son devoir d'éclairer ses employés au moment des élections, en même temps qu'il crut pouvoir compter sur la confiance en ses conseils.

Ayant donc réuni ses ouvriers, il les engagea, sans exercer aucune pression, à voter pour des députés sérieux, amis de l'ordre et du travail, et non point pour ces orateurs des réunions publiques qui, sous prétexte de faire le bonheur du peuple, ne prêchaient que la révolution et partant le chômage.

C'était désigner assez clairement plus d'un membre de la Commune.

— Ah ! répondirent les ouvriers, il est trop tard ! Nous avons donné notre parole à l'Internationale et nous voterons pour les députés socialistes.

Et la liste de l'Internationale passa.

Quand vint le tour des élections de la Commune, le même jeu se renouvela ; et il en sera toujours ainsi tant que la coalition du nombre conservera ses droits.

Cette coalition, qui menace de devenir terrible, n'est dangereuse au fond que par ce qu'elle est ignorante, disent les apôtres de l'humanité, et ils répètent sur tous les tons : Instruction ! instruction ! comme autrefois on cassait des réverbères en demandant des lampions.

ANYS-EL-BILTAR

Or, un jour, le pacha qui présidait aux destinées de Communopolis se demanda pourquoi l'Obélisque n'était pas nettoyé aussi bien à l'intérieur qu'à l'extérieur.

A cela, il lui fut répondu que c'était un monolythe égyptien.

Frappé par l'étrangeté de ce mot inconnu à son oreille, le pacha se redressa, flairant déjà une conspiration dans les signes cabalistiques qui ornaient le monument et qui, à tout prendre, pouvait bien être une preuve de trahison.

Qu'on me cherche un Égyptien ! dit-il.

Mais un Égyptien n'était pas chose facile à trouver dans les rues de Communopolis bloqué.

Chaque heure qui s'écoulait augmentait la fureur du pacha.

Enfin la sultane Jeanne eut une inspiration ; elle alla trouver le directeur d'une ménagerie où l'espèce nègre était représentée par un gorille grand comme un homme.

Habillé à la turque, il fut introduit dans le cabinet du pacha, qui se trouvait déjà avec le préfet de police.

Au bout d'un quart d'heure, un fracas épouvantable retentit dans le palais, les glaces volaient en éclats, les meubles passaient par les fenêtres, mais le pacha riait à se tordre.

Voici ce qui était arrivé. Le faux savant amené par la sultane avait été interrogé par le préfet, qui cherchait, à l'aide de gestes éloquents, à se faire comprendre, mais en vain.

Enfin, résolu aux grands moyens, il avait saisi une canne pour faire parler le savant muet. C'est alors que celui-ci, plus fort et plus agile, lui avait enlevé le bambou, dont il s'était servi pour le rosser d'importance.

Et voilà ce qui excitait l'humeur charmante du pacha, qui, oubliant ses soupçons en faveur du nouveau venu, l'avait nommé séance tenante directeur des manuscrits de la Bibliothèque.

Le lendemain, nomination insérée au *Journal officiel.*

Le surlendemain, rectification du trésorier de l'École égyptienne, qui annonçait que le nommé Anys-el-Biltar, signalé comme Égyptien, n'était pas et n'avait jamais été le sujet du Kédive; qu'il était né en Syrie de parents émigrés d'Algérie et avait conservé la nationalité de ses ascendants, sans jamais recevoir la protection des agents officiels égyptiens.

Enfin, le jour de l'entrée des troupes dans Communopolis, le directeur de la ménagerie déclarait qu'un singe de la grande espèce, répondant au sobriquet d'Anys-el-Biltar, s'était échappé de son établissement, lui laissant un grand nombre de manuscrits, volés on ne sait où.

Récompense honnête était offerte à qui retrouverait la bête.

On prétend qu'elle fut trouvée écrasée sous une barricade.

ASSY

Alphonse-Adolphe Assy, le mécanicien du Creuzot, est né en 1840.

Choisi, en 1870, par la Société internationale pour organiser la grève des ouvriers de l'usine de MM. Schneider et Cie, il comparut, le 22 juin suivant, devant le tribunal correctionnel de Paris, sous l'inculpation d'avoir, depuis moins de trois mois, comme chef ou fondateur, fait partie d'une société secrète.

Voici le récit autobiographique qu'il fit en cette occasion à Me Brunet, président du tribunal :

Assy. « M. l'avocat impérial n'a trouvé contre moi qu'un mot : « C'est un déserteur ! » J'ai déserté, c'est vrai ; mais je dois au tribunal de lui faire connaître dans quelles circonstances. Je me suis engagé à dix-sept ans. En arrivant au régiment, on me fit passer immédiatement aux compagnies hors rang, bien qu'il appartienne à l'engagé volontaire de choisir son arme ; mais j'étais mécanicien, assez bon ouvrier, et c'était le moment où l'on instruisait les soldats aux machines à coudre. Je fus chargé de l'entretien et de la réparation des machines. Je réclamai ; on me promit de me faire passer dans le service actif, aussitôt que j'aurais formé six apprentis. J'en formai plus de douze, et on me maintint malgré tout aux compagnies hors rang.

« Lors de l'organisation du 101ᵉ régiment, je fus désigné et changeai de régiment ; mais ici aussi je fus placé aux compagnies hors rang. C'était l'époque de la guerre de Chine. Le ministre demanda de n'envoyer là-bas que des volontaires. Sept fois de suite je me présentai au rapport devant le colonel, qui me refusa chaque fois comme indispensable au régiment. Nous changeâmes de garnison et fûmes envoyés aux frontières de la Suisse occuper le Grand-Blanc. Je me rappelle qu'après vingt-quatre heures de garde, les pieds dans la neige, nous ne reçûmes à manger qu'à quatre heures du soir et fûmes remplacés à huit heures. En rentrant, je voulus me faire porter malade, on me mit à la salle de police. Il y avait là trois hommes qui me proposèrent de passer en Suisse. Je souffrais, j'avais souffert beaucoup, je les écoutai et les suivis. Je ne suis donc pas déserteur, comme on a eu l'air de le dire, pour éviter des poursuites disciplinaires, et j'ai des excuses, ne serait-ce que mon jeune âge, car j'avais alors dix-neuf ans.

« Loin de là, j'avais été porté à *l'ordre du jour* pour ma bonne conduite et mon travail, et si au moment de ma fuite je n'avais pas les galons, c'est que je les avais refusés pour ne pas être caporal instructeur. »

Ce que l'accusé oublie de dire dans son récit, c'est qu'en quittant l'armée française, il servit dans les rangs de Garibaldi et revint à la faveur d'une amnistie reprendre ses outils d'ajusteur à l'usine du Creuzot.

Lorsque la grève des ouvriers de M. Schneider éclata au mois de janvier 1870, Assy se lia avec Antoine Dubuc, correspondant de la *Marseillaise*, et Jean Laroque, du *Parlement*, qui épousèrent ouvertement le parti de grévistes.

Menacé d'arrestation, Assy se vit obligé de quitter le Creuzot pour venir se réfugier à Paris, auprès des amis qu'il s'était fait dans la presse révolutionnaire.

Néanmoins, il retourne bientôt au Creuzot et peu après son arrivée une nouvelle grève éclate, le 21 mars, parmi les ouvriers mineurs.

Cette fois, on l'arrête au Creuzot même, qu'il traverse, entre deux gendarmes, au milieu de la foule des ouvriers en criant :

— Vive la liberté !

C'est alors qu'il comparut sous l'accusation de faire partie de l'Internationale, devant le tribunal de la Seine, qui l'acquitta du reste sans amende ni dépens.

Pendant le siége de Paris, Assy fut nommé lieutenant de la garde nationale.

Lors des élections de février, il se présenta devant les électeurs du département de la Seine et obtint un assez grand nombre de voix.

On n'entendait plus parler de lui, lorsque, le 18 mars suivant, son nom parut en tête de la liste des signataires de la première affiche du Comité central.

Élu membre de la Commune, Assy fit partie, le 31 mars, de la Commission de sûreté générale.

Quelques jours après il était arrêté par ordre de Raoul Rigault.

On n'a su que très-imparfaitement la cause de son arrestation.

Voici l'exacte vérité à ce sujet :

Accusé tout d'abord d'être un agent bonapartiste, il s'est promptement disculpé de cette accusation. A l'époque de la grève du Creuzot dont il était en réalité l'organisateur, on députa vers lui un agent qui avait pour mission de tenter une conciliation. Assy déclara qu'il se chargeait lui-même d'arranger les choses ; il écrivit à un haut personnage de l'Empire, M. Scheinder, dit-on, exposa les faits, demanda que tels ou tels arrangements fussent pris et ajouta que c'était son dernier mot.

A partir de ce moment une correspondance fut échangée entre Assy et le personnage en question, correspondance qui, ainsi qu'on le sait, n'aboutit à aucune conciliation.

Assy avait, heureusement pour lui, gardé ces lettres, et quand, en pleine séance de la Commune, on l'accusa de trahir la cause républicaine, il envoya chercher les lettres qui le disculpèrent.

Le lendemain on l'arrêta de nouveau parce qu'il avait refusé de signer certains décrets qui, selon lui, outrepassaient les pouvoirs de la Commune et la feraient détester même par ses adhérents.

Assy, reconnaissons-le, avait horreur des moyens violents, et pour cette raison même il était mal vu de ses confrères.

Incapable de faire jamais un homme politique.

Adroit dans son état, il aurait pu devenir autre chose qu'un simple ouvrier, sans cette formidable puissance que l'on appelle l'Internationale.

Travailleur et intelligent, Assy était supérieur à beaucoup de ses chefs d'atelier.

Pendant ses heures de liberté, il consacrait à l'étude le temps que ses compagnons donnaient au cabaret.

Adolphe Assy a aujourd'hui trente et un ans.

Il est de taille moyenne, plutôt petit ; son teint est pâle, ses joues creuses ; un sourire spirituel, moqueur erre presque toujours sur sa bouche un peu cachée par une moustache blonde.

GUSTAVE MAROTEAU

L'amour, c'est Jésus-Christ, puisque c'est l'espérance.
G. Maroteau. (*Les Flocons.*)

Si vous avez examiné parfois, lecteurs, la physionomie des flâneurs attablés devant la porte du café de Suède, vous avez certainement remarqué, il y a deux ans, un tout jeune homme, à barbe méphistophélesque, avec de longs cheveux frisés et de doux regards, ce que les bourgeois appellent enfin une tête de poëte.

C'était Gustave Maroteau, l'auteur d'un poëme mystique intitulé : *Les Flocons.*

Consommateur assidu du café de Suède, Maroteau y fit la connaissance de Vallès, avec lequel il collabora bientôt au journal *La Rue.*

Enthousiasmé par les discours de Vallès sur la matière, *tout est dans tout*, le doux auteur des *Flocons* surpassa bientôt en cynisme son rédacteur en chef.

On assure qu'il se fit ordonner prêtre pour insulter à la

religion. Toutefois, ce fait paraît invraisemblable en raison de l'âge de Maroteau. Ce qu'il y a de certain, c'est qu'il publia un pamphlet anti religieux sous la signature Gustave Maroteau, *prêtre athée.*

Après le dernier numéro de la *Rue,* Maroteau disparut presque complétement de l'horison littéraire.

Il publia cependant quelques journaux parmi lesquels nous citerons la *Montagne,* dont l'existence ne fut que de courte durée.

Plus heureux sous le régime de la Commune, il fit paraître le *Salut public,* dans lequel il proposa le premier l'arrestation et l'exécution de l'archevêque de Paris.

Pendant le siége de Paris, Maroteau faisait partie du 14e bataillon des mobiles de la Seine.

Le mauvais état de sa santé le fit renvoyer dans ses foyers, en congé de convalescence, et pendant toute la période du 19 septembre au 28 janvier, on le vit se promener avec sa mère dans les rues du quartier des Ternes, qu'il habitait.

Sans Jules Vallès, Gustave Maroteau serait resté poëte.

Pour lui, du moins, cela valait mieux que de se jeter au milieu des hommes de la Commune, dont il n'avait pas le tempérament.

BASTELICA

En sa qualité de Corse (il est né à Bastia), le citoyen Bastelica doit être quelque peu cousin de Napoléon, et comme membre de l'Internationale, il est assurément filleul politique de l'Empereur.

Ce qui ne l'empêcha pas de figurer au procès fait à cette société en 1870 par le gouvernement impérial.

Homme intelligent et parlant avec une certaine facilité, il était peut-être au nombre de ces rêveurs qui se croient appelés à évangéliser le socialisme réformé par le créateur du positivisme, Auguste Comte, dans les livres duquel ils puisent la formule scientifique des désirs vagues qui s'agitaient depuis longtemps en eux, sans qu'ils pussent en préciser le but ou en déterminer les conséquences.

Bastelica, chargé d'évangéliser les frères et amis de Marseille, avait paraphrasé devant eux cette prédiction de M. Littré :

— « Les prolétaires montent comme un flot grossissant.

— Les autres classes n'ont plus que des pleurs et des regrets. — Eux seuls ont des aspirations et la fermeté du cœur. — Ceux qui ont entamé la révolution ne peuvent la finir ; cette tâche est dévolue aux prolétaires. »

Et voilà les prolétaires partis en campagne à la conquête de la Toison d'or dont les avait entretenus le frère Bastelica.

Mais celui-ci n'était pas homme d'action : quand Marseille fut rentrée dans l'ordre, il revint à Paris, où on le consola en le nommant directeur des contributions indirectes de la Commune.

Ce n'était pas une sinécure, malepeste !

EUDES

— Dites donc, madame Grapillard, n'est-ce pas le portrait du général Eudes que je vois là-bas dans la vitrine à gauche, sous Mlle Marcowich? Une bien vilaine tête!

— Vous trouvez! Moi, j'adore cette figure-là.

— Jésus, Marie! Mais vous ne l'avez pas seulement regardée! Voyez-moi donc ces grands cheveux, ce nez d'aigle, ses yeux caves, sa barbe inculte! C'est un tigre, vous dis-je.

— De la barbe! Ah! çà, madame Bordognon, avez-vous la berlue? Cette jeune fille est peut-être un peu virile, mais elle n'a pas plus de barbe qu'il n'y en a dans le creux de ma main.

— Mais ce n'est pas de la jeune fille que je vous parle, c'est de ce grand fédéré, au regard sinistre, qui est au bas, et je vous demande si ce n'est pas ce grand scélérat d'Eudes?

— Ah! bien, oui! Eudes! Vous ne vous y connaissez guères; celui-ci est Félix Pyat.

— Alors Eudes doit être encore plus laid, d'après les horreurs qu'on en raconte.

— C'est ce qui vous trompe. Je l'ai vu comme je vous vois, un jour qu'il est venu avec sa femme m'acheter tous mes bouquets d'un coup.

— Dites-vous vrai, madame Grapillard?

— Voudrais-je vous en imposer, ma voisine? Écoutez. C'est un gentil garçon blond, figure ronde, petite moustache cirée, l'aspect d'un amoureux de Beaumarchais : une mine à croquer pour les jeunes filles et l'air pas méchant du tout. Il riait de ma mine ébahie, avec sa dame, un beau brin de femme aussi, et me recommanda de porter toutes mes fleurs à la Préfecture de police où il demeurait.

Quand j'arrivai, il y avait déjà au milieu d'un salon tout doré une table magnifiquement servie et surchargée de cristaux, de vermeil, de candélabres. On entendait la musique dans la chambre voisine, puis des éclats de rire, des chants, une polka au piano, et tout de suite une foule de jeunes femmes vêtues comme des impératrices vinrent m'enlever mes bouquets, dont elles arrangèrent les fleurs dans leurs cheveux.

Ah! je ne m'étonne plus si la place de sergent de ville est si briguée. Il paraît que l'on s'amuse joliment à leur préfecture!

Grâce au bavardage de ces deux bonnes femmes, nous savons avec quelle austérité vivait le farouche Eudes, qui, ayant débuté par le meurtre d'un pompier, finit par l'embrasement d'une ville.

Dans un journal des tribunaux du mois de février, on voyait figurer la nomination d'un conseil judiciaire au sieur Émile Eudes, domicilié à Sainte-Pélagie.

Cette incapacité de gérer ses affaires devait le recommander au choix des communeux pour administrer les affaires de la guerre.

Émile-François Eudes était né à Bonay, arrondissement de Coutances.

Dans l'interrogatoire qu'il subit devant le conseil de guerre du mois d'août 1870, il se donnait vingt-huit ans et se déclarait sténographe.

Mais à cette profession il joignait la qualité d'étudiant, quoiqu'en réalité il fût commis de magasin à la Grande Maison de blanc, puis chemisier en chambre, après quoi il ne fit plus rien, excellent moyen de refaire son avoir qu'il avait presque entièrement dilapidé. Son père, qui avait acquis une modeste aisance comme bimbelotier au boulevard des Italiens, mourut fou en laissant trois enfants, dont l'aîné se fit une notoriété dans le monde politique par l'assassinat du pompier de la Villette.

C'est sans doute en souvenir de ce crime qu'une des premières mesures du Comité central, dont faisait partie le citoyen Eudes, fut de dissoudre le corps des pompiers, qui rappelait trop au général Eudes qu'il avait fait ses premières

4.

armes contre ces braves soldats. Traduit en raison de ces faits devant le 1ᵉʳ conseil de guerre de Paris, il s'écria, sur une demande du président :

« Les traîtres à la patrie ne sont pas parmi les républicains. Vouloir détruire le gouvernement de l'Empereur, c'est détruire les Prussiens. »

On reconnaît bien là la violence de langage et l'incohérence de logique de son maître en politique, le vieux Blanqui, à qui Eudes avait donné asile dans sa chambre, tandis qu'à la tête des émeutiers, il cherchait à s'emparer du poste de la Villette.

Malgré la plaidoirie éloquente de son défenseur, Mᵉ Lechevallier, le jeune assassin fut condamné à mort, expiation à laquelle il échappa grâce aux événements du 4 septembre.

Pendant le siége il prit part aux agissements révolutionnaires du 31 octobre.

Emprisonné de nouveau pour ce fait et traduit devant le 4ᵉ conseil de guerre de la 1ʳᵉ division, il fut acquitté en même temps que Vermorel, Tibaldi, Lefrançais, Jaclard, Ranvier et autres.

La justice militaire en cette occasion manqua de présence d'esprit et eût épargné à Paris bien des déboires si elle eût débarrassé la ville de ces hommes qui ont fait le 18 mars.

Eudes signa les premiers décrets du Comité central,

comme il fit partie des membres du dernier Comité de salut public.

Délégué à la guerre le 2 avril, conjointement avec Cluseret, il organisa le corps des Enfants Perdus de Belleville, auxquels il promettait une rente de 300 francs et la décoration.

Emporté jusqu'à la fureur, voluptueux jusqu'à la licence, énergique jusqu'à la cruauté, Eudes passait facilement de la veillée d'armes la plus pénible aux nuits de la débauche la plus scandaleuse.

C'est dans une de ces dernières orgies que l'ancien rédacteur de la *Libre pensée* s'écria:

« Si Dieu existait, je le ferais fusiller! »

Sans désir d'une vie future, sans espérance de la victoire ici-bas, il se jeta dans la mêlée en furieux.

C'est lui qui écrivait ce billet trouvé sur un insurgé:

« Tire sur la Bourse, la Banque, les Postes, la place des Victoires, la place Vendôme, le jardin des Tuileries, la caserne de Babylone, etc., etc.

« Nous tiendrons jusqu'au bout et quand même. »

Signé: Eudes.

Fusillé sur une barricade. Ainsi mourut un des membres de cette bohême politique qui commence à la négation de Dieu et finit par la suppression de l'honneur et la destruction de la société.

PILOTELL

Rochefort l'a surnommé *Pille-Hôtel* à la suite des nombreuses perquisitions qu'il opéra comme prétendu commissaire de police de la Commune.

Ce grand bohême prétentieux, déhanché, crasseux appartenait à une honorable famille de Poitiers; il vint à Paris à dix-huit ans — en 1863 — pour y étudier le dessin.

Il publia dans les feuilles illustrées quelques croquis sans valeur et vécut misérablement jusqu'au jour où Raoul Rigault, parvenu au faîte des grandeurs, fit de lui son confident.

Ce fut Pilotell qui, sans mandat régulier, arrêta François Polo, son directeur à *l'Eclipse* — et vida la caisse de ce journal.

Polo fut remis en liberté quelques jours après, mais jamais le contenu de sa caisse ne lui fut rendu.

A peu près vers la même époque, *Pille-Hôtel*, présidant une visite domiciliaire opérée au domicile du malheureux Gustave Chaudey, était parti en emportant une somme de

800 francs, dont il laissa un reçu, sur l'observation de Mme Chaudey.

Ce vilain personnage a été arrêté et conduit à Versailles.

TONY-MOILIN

Le docteur Tony-Moilin est un grand garçon de cheveux et de barbe blonds, assez laid du reste, dont il a été beaucoup parlé en 1869, lors des réunions électorales, qu'il remplissait de son talent oratoire.

Compromis dans le complot contre la sûreté de l'État en mai 1870, il comparut devant la haute cour de justice siégeant à Blois, où il manifesta des opinions qui ne devaient pas faire supposer qu'il dût jamais jouer un rôle sous un gouvernement communal.

En effet, nous lisons, dans son interrogatoire, la phrase suivante :

Tony-Moilin.—« Dans une réunion tenue chez moi, réunion qui avait pour but de rallier tous les socialistes, je tins à ce que Dupont y fût, *parce qu'il était communiste, bien que ce ne soit pas mon opinion.* »

Tony-Moilin fut délégué par le Comité central à la mairie du 6e arrondissement, puis arrêté et condamné à mort dans la nuit du 27 au 28 mai.

On raconte sur ses derniers moments un détail qu'il est bon de porter à son actif, côté de l'honneur.

Lorsqu'il fut arrêté par l'armée, Moilin vivait avec une honnête femme de laquelle il allait avoir un enfant.

Avant son exécution, Moilin demanda à ses juges l'autorisation de régulariser cette liaison.

Le président de la cour martiale, siégeant au Luxembourg, accueillit favorablement sa prière, et Tony-Moilin légitima son union devant M. Hérisson, maire du 6ᵉ arrondissement.

En médecine, le docteur Moilin avait découvert un médicament pour la guérison des maladies des yeux.

BRUNEL

Ex-commandànt du fort d'Issy, incendiaire du *Tapis-Rouge*, auquel il mit le feu par haine contre le propriétaire de ce magasin, qui, ayant été son compagnon d'armes et son ami dans la garde nationale pendant le siége, donna sa démission après les événements du 18 mars.

Le sieur Brunel, que l'on dit fusillé, a été arrêté chez une bonne de Mme Fould, sa maîtresse, place Vendôme.

Cette fille avait, pendant l'investissement de Paris, servi d'espion aux Prussiens.

PIERRE VÉSINIER

P. Vésinier, dit *Racine de buis,* à cause des nombreuses nodosités dont sa personne est enrichie, est né à Cluny (Saône-et-Loire), en 1826, où son père exerçait la profession d'huissier.

Élevé au lycée de Mâcon, il revint ensuite dans sa ville natale et se fit connaître bientôt par ses opinions politiques.

Compromis lors du coup d'État de 1852, Vésinier dut quitter Cluny, pour échapper à la vigilance de la maréchaussée, et les ruses qu'il employa alors présentent quelque analogie avec les subterfuges mis en vigueur par certains membres de la Commune pendant ces temps derniers.

On venait d'opérer déjà quelques visites domiciliaires dans les habitations du pays. Vésinier, se sachant désigné aux autorités militaires, craignait d'autant plus d'être découvert que sa maudite bosse rendait inutile les vieux procédés que les insurgés choisissent de préférence lorsqu'ils sont poursuivis, tels que fausse barbe, coups de rasoir, teintures de cheveux, etc

Fou de peur, Racine de buis courut chez une amie de sa famille, la suppliant de bien vouloir le cacher et jurant qu'il ne s'occuperait plus de politique.

La bonne dame lui répondit :

— Toutes les cachettes seraient inutiles, il faut que tu quittes Cluny, et cela dans une heure.

— Que faire ? s'écria Vésinier au désespoir.

— Ce que je vais te dire.

Une heure après, la diligence qui faisait le service de Mâcon à Cluny quittait la petite ville de Saône-et-Loire après avoir été visitée par les gendarmes.

Au nombre des voyageurs qu'elle contenait, on remarqua plus tard une grosse servante à la mine rouge et de forte corpulence qui tenait sur ses genoux un panier d'œufs frais qu'elle allait porter, disait-elle, à ses maîtres.

Cette servante n'était autre que Vésinier, qui était parvenu à dissimuler aux gendarmes et son sexe et sa bosse, grâce aux quantités de chiffons de papier et de ouate que l'on avait placées dans son corsage.

Errant de Bruxelles à Genève, le futur membre de la Commune réussit à se faire imprimer quelques brochures immondes, parmi lesquelles figure un opuscule à couverture jaune intitulé : *les Nuits de Saint-Cloud.*

Après avoir été pendant quelque temps ensuite le secrétaire d'Eugène Suë, Vésinier sollicita une place dans les droits réunis.

Sa demande ayant été rejetée, il sut retourner continuer à l'étranger ses insultes contre le gouvernement impérial, profitant de toutes les époques orageuses des dernières années pour venir jouer son rôle dans le mouvement insurrectionnel.

C'est ainsi qu'on le vit, en 1869, au *Club de la Marseillaise*, faire de la propagande en faveur de la Société Internationale des travailleurs, et sur les bancs de la haute cour de justice, au mois de mai 1870, lors du troisième procès de cette terrible association.

Au 18 mars, Racine de buis vint offrir ses services aux membres du Comité central, auprès desquels ses mauvais antécédents furent une recommandation.

Vésinier fonda un journal, un journal à lui, feuille semi-officielle, sur laquelle il put délayer son venin, pamphlet immonde que les crieurs annonçaient à tue-tête dans toutes les rues.

— De...mandez *Paris libre*..., le pi...lori des mouchards !... un sou.

Si ce torch..on avait vécu plus longtemps, tous les romans que Vésinier avait offerts inutilement aux éditeurs de France, de Suisse et de Belgique y auraient passé.

C'est à cause de cela qu'il tenait tant à ce que la Commune vécût.

Mais le bossu de Cluny ne put donner le jour qu'à deux de ses élucubrations.

La première, qui n'était qu'un tissu d'injures grossières à l'adresse de l'impératrice déchue, était intitulée : *Le mariage d'une Espagnole.*

Et au-dessous : *Mademoiselle de Montijo.*

L'autre avait pour titre : *Les proscrits du dix-neuvième siècle, par P. Vésinier, ex-secrétaire d'Eugène Suë.*

Aux élections du 16 avril, Vésinier obtint 2,626 voix des électeurs du 1er arrondissement, et fut délégué, le 21 avril, à la commission des services publics.

En fait de mesures pratiques, Racine de buis proposa à l'Assemblée communale un décret — promulgué du reste — qui abolissait toutes les formalités relatives aux mariages.

« Il suffit, disait Vésinier, qu'un jeune homme âgé de dix-huit ans rencontre une jeune fille de seize années, qu'ils se plaisent, qu'ils se le disent, pour que le maire de n'importe quel arrondissement légitime leur union, sans même s'occuper de la volonté des pères et mères, ni des actes de naissance.

Cette loi, aussi grotesque que son auteur, ne fut pas, croyons-nous, mise en vigueur.

Pendant les derniers jours de la Commune, Vésinier rédigea en chef le *Journal officiel.*

Les tapissiers de M. Wittersheim ont dû déjà s'apercevoir de sa présence dans les bureaux de rédaction du quai Voltaire.

CERISIER

L'un des hommes les plus sanguinaires de la révolution, Cerisier est ce commandant du 101ᵉ bataillon de la garde nationale qui présida au massacre des dominicains d'Arcueil.

Misérable perdu de mœurs, il est prouvé qu'il reçut 25,000 francs du gouvernement de Versailles pour ouvrir la porte du Point-du-Jour, le 10 mai.

Ces 25,000 francs ne représentant que la moitié de la somme qui lui aurait été promise, Cerisier fit tirer sur les soldats qui se présentèrent au rempart à l'heure convenue en disant :

— Cela vous apprendra à ne pas lésiner avec moi.

Le lendemain, le *Journal officiel* de la Commune publiait un rapport ainsi conçu :

« *Les gardes nationaux du 101ᵉ bataillon ont repoussé hier soir, au Point-du-Jour, une attaque de l'ennemi.* »

COURBET

— Un bien grand artiste, ce Courbet! vous crient Manet et ses adeptes.

— Quel fameux barbouilleur et quel féroce orgueilleux! lui répondent les ennemis du réalisme et de la pose.

Broyons les deux opinions extrêmes pour avoir une teinte exacte du caractère de l'homme dont le nom accolé à celui d'Erostrate, marche à la postérité à cheval sur le fût de la colonne Vendôme qu'il fit briser.

On pourra oublier son *Après-dîner à Ornans*, ses *Baigneuses*, le temps pourra détruire ses meilleurs tableaux, *la Biche forcée à la neige* et son *Mendiant* ; mais son nom reste attaché au souvenir de la colonne, et le mépris public viendra flageller à toute heure cet homme qui s'est montré assez l'ennemi de la gloire de son pays pour venir parader avec des officiers prussiens sur la place Vendôme, à l'heure où tombait le monument. Du reste, depuis longtemps Courbet s'était montré plus sensible aux agaceries pesantes de l'Allemagne qu'aux attentions délicates de la France.

En 1857, mécontent des places que le jury d'admission avait désignées à ses tableaux, il en fit une exposition particulière, sur la porte de laquelle il mit en esprit :

« Ici, ce sont tous les chefs-d'œuvre. »

A Munich, où l'on appréciait particulièrement les qualités solides de sa peinture, on lui décerna une salle d'honneur tout entière pour ses tableaux, et la croix de fer de Bavière pour lui-même.

Aussi faut-il voir comme il se peignit sous toutes les faces, de trois-quart, de profil, grandeur naturelle, réduction! Jamais peintre ne fit une telle orgie de sa propre ressemblance.

Dès lors, les Allemands lui devinrent si chers, qu'il jura de leur témoigner sa reconnaissance par quelque acte de grandeur écrasante.

Nommé le 16 avril dans le 6e arrondissement en qualité de membre de la Commune, il fut appelé à la direction des beaux-arts, où il se disposa à inaugurer le culte du laid et l'amour de l'ignoble.

En fait d'art, il était de la force de ce garde national de Belleville qui, caserné aux Tuileries, ne savait que répéter :

— C'est bien beau ici, mais ça manque de mastroquets! »

Né à Ornans (Doubs), le 10 juin 1819, Courbet avait eu pour professeur au séminaire l'abbé Gousset, qui, plus tard, devint archevêque de Rheims.

Des mains de l'abbé il passa entre celles de M. Dély, qui, au lieu de lui apprendre les mathématiques qu'il était chargé de lui enseigner, l'encouragea à la peinture, à laquelle il ne connaissait rien.

Il n'est pas étonnant qu'un professeur de chiffres se soit abusé sur les goûts artistiques du jeune Courbet, qui, de l'étude des mathémathiques passa à celle du droit, sans plus apprendre l'un que les autres.

Toutefois, à ce mélange de travaux incompatibles avec l'art, on peut attribuer une large dose des défauts qui ornent les œuvres de Courbet.

Peinture sèche comme un article du Code ! dira-t-on. Eh! sans doute ! en peignant, l'artiste repassait un article du *Digeste* de Justinien.

Pourtant il faut ajouter qu'à cette époque, subissant l'influence générale qui faisait palpiter toute une génération, Courbet se croyait romantique, mais d'un romantisme de derrière le Rhin.

Il lisait Gœthe et se bourrait la cervelle des nuages, du sentimentalisme allemand.

Cette philosophie nébuleuse ne convenait point trop à sa nature campagnarde; aussi bien préférait-il les fumets d'un vin généreux et les spirales d'une pipe fortement culottée.

Comme le dit Vapereau, il se montra bientôt épuisé par une longue poursuite de l'Idéal insaisissable, et, fatigué de chasser en vain l'Oiseau bleu qu'il n'entrevoyait même pas, il se tourna du côté de la matière, qui devait avoir en Champfleury son grand pontife officiant au nom du réalisme.

Après février, à l'Exposition de 1848, on remarqua plusieurs de ses tableaux qu'une certaine dose de brusquerie désignait plus à l'attention qu'un véritable goût et un amour attentif de la nature.

Courbet s'était-il trompé de vocation?

En tous cas, on se le représentait plus volontiers l'aiguillon que le pinceau ou l'ébauchoir à la main.

Car, croyant réunir au génie de Raphaël la conception de Michel-Ange, il sculptait comme il peignait, à coups de marteau, comme le chaudronnier de son village, où l'on conservait une statuette de lui, *le Petit Pêcheur en Franche-Comté*, que le conseil municipal a fait enlever depuis les derniers événements de Paris, dans lesquels le *Maître d'Ornans* a joué un si triste rôle.

Tout le monde connaît l'épisode de son arrestation, opérée sur la dénonciation d'un ancien officier de la Commune.

Quand il fut découvert dans l'armoire où il se tenait blotti :

« Enfin ! s'écria-t-il, je commençais à me faire vieux là dedans.

Oui, sans doute, dans la solitude de ses pensées, il avait dû réfléchir à sa faute, devenue un crime contre la patrie, et il ne devait plus tenir à vivre de longs jours, celui qui avait médité, conçu et exécuté le projet de sacrifier aux ennemis de son pays un monument national élevé à la gloire de nos sodats.

Déjà dans une autre circonstance et dont tout le monde se souvient, son incommensurable orgueil avait soulevé autour de sa personnalité un bruit dont il était radieux.

En 1870, M. Maurice Richard avait spontanément offert la décoration à Courbet.

C'était une infraction à la règle, qui exige que le futur chevalier sollicite son admission à la croix.

— Je la refuse, répondit avec éclat le paysan du Doubs.

— Mais pourquoi la refuser, si vous la méritez ? lui dirent ses amis.

Ici un coup d'œil superbe qui défiait les dieux arrêta les questionneurs imprudents : « Je suis républicain, » dit-il.

Les plus hardis poursuivirent :

— Mais vous avez bien accepté la Croix de Fer ?

— Oh! quelle différence! ce n'est pas comme la Légion d'honneur qu'on donne indistinctement à des épiciers et à des ministres!

MATHUSEWICH

Chevalier de la Légion d'honneur ;

Ancien officier de l'armée active, très-estimé autrefois dans son bataillon où il gagna le grade de capitaine ;

Publia, en sortant du service, quelques articles dans le *Siècle,* le *Réveil* et le *Tribun du peuple,* sous le pseudonyme de : Un officier républicain.

Nommé par la Commune chef de la 20e légion.

LÉON FRANKEL

Léon Frankel, âgé de vingt-six ans, est sujet de S. M. l'empereur Guillaume de Prusse — ainsi que l'indique son nom, ce qui ne l'empêcha pas d'être nommé membre de la Commune et délégué à la commission de travaux et échanges, le 33ᵉ jour de l'ère des communeux (20 avril 1871).

Avant de devenir ministre (?) puis représentant de Paris (?) à l'Assemblée communale (?), Frankel était un simple ouvrier bijoutier.

La Société Internationale, dont il est un des plus anciens adhérents, après lui avoir valu une condamnation de deux mois de prison et 25 francs d'amende, le 5 juillet 1870, le porta au faîte des grandeurs : c'était le moins qu'elle pût faire pour lui.

Frankel s'exprime assez difficilement en français. Nous nous sommes trouvés un jour dans un restaurant où il avait l'habitude de prendre ses repas, rue du Bac.

Il discutait vivement avec un de ses collègues, et voici, du reste, le résumé de sa conversation:

« La Commune est fort inquiète de l'avenir ; deux choses lui manquent : l'argent d'abord, puis l'adhésion de la province. Elle a voulu maintes et maintes fois envoyer dans les départements des hommes sûrs, mais elle s'est heurtée contre des refus.

« Les rares citoyens qui ont accepté cette mission ont agi avec une prudence qui les a fait mal venir des provinciaux, et dans leurs rapports à la Commune ils déclarent qu'entraîner efficacement la province dans le mouvement de Paris est un rêve qui ne se réalisera jamais.

« La province, lasse de la guerre avec la Prusse, n'aspire qu'au repos. Fait caractéristique à remarquer, ce sont les ouvriers eux-mêmes qui désirent la paix : — « Peu nous importe, disent-ils, tel ou tel gouvernement, pourvu que nous puissions *enfin* travailler. » — Ceux qui s'intitulent socialistes ne sont généralement que de mauvais ouvriers, mal vus dans les ateliers de leurs patrons et de leurs collègues ; tel est du moins le résumé du rapport qui nous a été envoyé de Lyon.

« Les journaux de la Commune qui s'insurgent contre l'ancienne préfecture de police et qui donnent les noms et les lettres des anciens agents de police, ne se doutent guère que la Commune a de nombreux agents, fort adroits, il faut le dire, qui journellement nous envoient des rapports circonstanciés. De là les séances secrètes et les discussions plus qu'orageuses qui y ont lieu. »

Les récits que Frankel faisait de la situation de la Commune n'étaient pas, on le voit, à l'avantage de celle-ci.

Peut-être n'était-il pas lui-même partisan de ce gouvernement, et n'en faisait-il partie que dans un but que sa nationalité laisserait deviner.

Léon Frankel était avec Garibaldi et Menotti au combat d'Aspremonte, et le costume qu'il portait à cette époque est le même que celui qu'il avait à l'Hôtel de Ville.

C'est ce qui le fit prendre au commencement de l'insurrection pour Menotti Garibaldi lui-même.

A Gênes, Frankel a été compromis ainsi qu'à Turin et à Milan dans les complots qui ont suivi Florence capitale.

RASTOUL

Médecin en chef des ambulances de la Commune dont il était membre ;

Délégué aux services publics le 21 avril ;

Rastoul, grand brun, âgé d'environ quarante ans, est doué d'une physionomie douce et sympathique.

Né à Marseille, il avait l'accent de ce pays.

En 1866, il exerçait la médecine dans le quartier Saint-Martin, boulevart Magenta, 139.

Le citoyen Rastoul avait un tempérament très-énergique.

Il vota, à la Commune, les mesures les plus autoritaires.

ROCHEFORT

Henri Rochefort, l'ennemi personnel de l'Empire, le républicain humoriste de la *Marseillaise*, et le socialiste peu convaincu du *Mot d'Ordre*, qui mettait ses titres de noblesse habituellement dans les sous-sols de son orgueil, a répondu au juge qui lui demandait son nom :

« Je me nomme Henri Rochefort, marquis de Lucey. »

Faire à Rochefort un reproche de ses titres et du plaisir naïf qu'il peut éprouver à se déguiser en plébéien, ne peut venir que du fait d'un marchand de cornichons.

Il n'aspirait qu'à descendre, et vous voulez le condamner à la société catarrheuse des vidames du faubourg Saint-Germain !

Que diable ! il faut être de son temps !

Ce qui a distingué Rochefort, entre tous les jeunes gens de sa génération, c'est le tact exquis qu'il apportait dans ses relations quotidiennes avec le public.

Si je pouvais me servir d'un autre mot, je dirais du flair avec lequel il a senti venir le vent de la popularité.

Mais on ne traite pas un marquis comme un chien, surtout à une époque comme la nôtre, où, après s'être endormi aux accents de la *Canaille*, on peut se réveiller aux soupirs mélodieux de *Vive Henri V, vive ce Roi...*

Né en janvier 1830, Henri de Rochefort, plus généralement connu sous le nom de l'ami de Joseph Citrouillard, était le fils d'un vrai marquis et non point d'un marquis de théâtre, quoique son père fût vaudevilliste, et d'une mère plébéienne.

De ce mélange de races on pouvait craindre que le jeune Henri ne vînt au monde avec le buste de Louis XIV gravé sur l'estomac, tandis que le reste du corps se fût terminé par des pattes de canard, ce qui eût été de la dernière vulgarité.

On aurait également pu conclure que la fusion de deux sangs aussi incompatibles n'eût prédisposé l'enfant aux habitudes les plus étranges, comme celle, par exemple, de préférer les truffes aux pommes de terre, et les blancs de volaille à la soupe aux choux ; de se moucher dans ses doigts et de manger sans fourchette.

Qu'on se rassure ; la mère-nature avait mélangé les éléments divers dans le corps et l'âme de son nourrisson, de sorte que les diverses influences qu'il devait subir ne se manifestassent que successivement et non en même temps.

C'est ce qui fait que Rochefort peut être républicain, démocrate, libéral, royaliste, dévot et athée, démolisseur de tout culte et conservateur de tout gouvernement, simultanément, sans être accusé pour cela d'être une girouette politique.

Il se transforma en suivant tantôt les impulsions des nerfs paternels, tantôt en subissant l'influence du sang de sa mère.

Quand Rochefort, expéditionnaire à la Préfecture de la Seine, écrivait dans le *Charivari* des drôleries sur M. Haussmann et le joli petit cellier qu'il entretenait, était-il convenable qu'il prît son titre de comte en bandouillère ?

On l'eût certainement blagué ; il eût répondu et eût ainsi perdu à se défendre, en démontrant qu'on peut être noble et homme d'esprit, un temps qu'il employa bien mieux à attaquer les autres.

Plus tard, quand il écrivit au *Nain jaune*, au *Soleil*, à l'*Evénement*, au *Figaro*, où tout le monde eût été enchanté de l'appeler *mon cher comte*, il n'arbora jamais son titre que sur le terrain, en face d'une épée ou d'un pistolet tenu par le prince Achille Murat ou Paul de Cassagnac.

Casseur d'assiettes avec les cols cassés, débraillé avec les demoiselles trop peu habillées, viveur avec les viveuses, méchant avec les journalistes, bon enfant avec les comédiens, il sème sa verve dans les petits théâtres et épanche dans des gaudrioles scéniques l'exubérance du sang patricien qui, tout jeune, lui avait fait commettre des poésies discrètes à l'adresse de la Sainte Vierge.

Raffraîchi par cette dépense de force et d'esprit du plus pur talon rouge, pour le constater on n'a qu'à fouiller dans le tas de ses articles de journaux, les *Français de la décadence,* ou ses pièces de théâtre : *la Vieillesse de Brididi, un Homme du Sud, la Tribu des Rousses, la Foire aux grotesques, un Monsieur bien mis,* Rochefort sentit l'influence maternelle reprendre le dessus.

Décrochant sa *Lanterne,* sous prétexte que le *Figaro* tenait à ses croisées, il se mit à casser les vitres des autres qu'il avait la bonté de prendre pour les siennes.

Au onzième numéro, le délire le prend, il voit rouge, assomme l'éditeur Rochette pour le sieur Maréchal qui l'avait insulté, prend Napoléon par les cornes et les gendarmes par le menton ; le gouvernement se voit obligé de lui faire une abondante saignée de 10,000 francs d'amende, et de lui recommander le repos de Sainte-Pélagie.

Il se hâte de passer en Belgique pour y étudier les éléments de la profession de foi socialiste qu'il se propose de rapporter en France à ses électeurs, avec un petit vaudeville intitulé *le Mandat impératif,* qui est représenté la même année sur le théâtre de Belleville, aux applaudissements de 17,978 auditeurs.

En même temps, il signe de son sang toujours bourdonnant tous ses articles de la *Marseillaise,* en arrose son pacte avec Flourens et consorts, si bien que, au moment de planter sur la Chambre des députés son mouchoir, devenu plus tard le drapeau de la canaille, Rochefort s'évanouit pâle et exsanguin.

Restauré par le régime monacal de Sainte-Pélagie, l'ami

de Joseph Citrouillard n'en sort au 4 septembre que pour prendre le gouvernail du gouvernement et se retrouver dans les bras de son frère Mégy.

Dans l'auteur qui faisait exécuter des pirouettes si vertigineuses à l'acteur Coudère, on avait certes l'étoffe d'un ministre. On en fit le président des barricades.

Courbaturé par l'effort que demandait un poste à peu près aussi important que celui de concierge de l'Obélisque, Rochefort donne sa démission, et, suivant le conseil de son ami Commerson, se fait paveur en chambre et entrepreneur de régicide dans le *Mot d'Ordre*.

Très-amateur de tableaux et objets d'art, Rochefort, que ses opinions politiques éloignaient de M. Thiers, trouve plaisant de faire démolir sa maison par les lecteurs du *Mot d'Ordre*, pour avoir l'occasion de rendre visite à ses collections qu'il n'avait pu visiter autrement.

Quelques jours avant la fin du règne des communeux, Rochefort jugea prudent de suspendre, « vu la gravité des circonstances, » la publication de son journal et de quitter Paris.

Il fut arrêté à Meaux.

— Ce fut le *Meaux* de la fin, fit son ancien collaborateur et ami Commerson.

BERGERET

Le général Bergeret, membre du Comité central, membre de la Commune, délégué à la Guerre, etc., etc., etc., est un ancien commis en librairie.

Il a aujourd'hui trente-six ou trente-huit ans.

Grand, maigre, élancé, brun, il porte la moustache en brosse et de longs cheveux plats.

Son visage est long et osseux, ses yeux sont gris-bleus. son regard louche est farouche et insupportable.

Dans les nombreux métiers qu'il a essayés, Victor Bergeret a toujours été un *fruit sec*.

Nous l'avons connu correcteur dans une imprimerie de laquelle il sortit en 1869 pour soutenir dans les réunions publiques les candidatures irréconciliables.

Le 10 mai de cette même année, il prononça dans une réunion électorale un discours dans lequel Emile Ollivier était traité de « coureur de portefeuilles, inventeur du duel à l'éloquence, » et où l'orateur se livrait à des jeux de mots dont voici un échantillon :

« La France est à l'heure présente divisée en deux vastes camps, — je ne parle pas, bien entendu, de ceux de Châlons et de Saint-Maur. »

Or, ce discours avait pour but de démontrer aux électeurs que s'il était bon d'envoyer à la Chambre de nouveaux députés, il n'en fallait pas moins conserver ceux qui ont encore des forces et de l'intelligence à dépenser au service de la patrie et de la liberté.

« Quoi ! s'écriait l'orateur en accompagnant ses paroles de gestes dramatiques, *Jules Favre ! Pelletan ! Jules Simon ! Picard !* que le burin gravera sur les tables d'airain de l'histoire, ne passeraient pas au scrutin ?

« Ah ! citoyens, ce serait à désespérer de la justice et de la démocratie !... »

Victor Bergeret ainsi lancé dans les bas-fonds de la politique reparut au 18 mars galonné sur toutes les manches, heureux d'avoir trouvé enfin un gouvernement dont Jules Favre ne faisait pas partie, il est vrai, mais qui était capable d'apprécier sa haute intelligence méconnue jusqu'alors.

Devenu général, Bergeret — qui n'avait jamais été que sergent de la garde nationale — se crut un véritable homme de guerre.

Un ami de cet officier d'opérette nous disait un jour :

— Dût-il vivre cent ans, Bergeret sera toujours persuadé qu'il a été général.

Le 8 avril, Victor Bergeret fut arrêté par ordre de la Commission exécutive pour refus d'obéissance à Cluseret, cet autre général, son supérieur.

Conduit à Mazas, il en sortit quelque temps après, le jour où Cluseret y fut conduit lui-même.

Le délégué à la Guerre trouva sur le mur de la cellule de son prédécesseur un autographe ainsi conçu :

« Citoyen Cluseret,
« Tu m'as fait enfermer ici,
« Je t'y attends avant huit jours.
« Général BERGERET. »

En quittant la prison de Mazas, Bergeret fut gardé à vue dans un appartement magnifique décoré de bois dorés et de satin cerise.

Sa femme vint partager sa captivité. Il obtint aussi l'autorisation de garder avec lui le petit chien terrier qu'il affectionnait.

Au sortir de l'Hôtel de Ville, Bergeret reprit sa place à l'Assemblée communale et fut adjoint à la Commission de la guerre.

On lui donna pour domicile le palais de la présidence

du Corps législatif, où il aimait à recevoir les amis qui l'avaient connu pauvre.

Bergeret, chez lui, était toujours vêtu de rouge : vareuse, pantalon et bonnet phrygien.

Peu de temps après sa mise en liberté, il disait à l'un de ses intimes :

— Tout va bien, mais la Commune manque d'argent, je le sais, elle a tort de ne pas se confier à moi, je lui prêterais volontiers dix mille francs.

Le généralat, on le voit, avait singulièrement enrichi le commis libraire Victor Bergeret.

JOHANNARD

C'est l'éclat de rire dans la douleur, le rayon de soleil un jour de pluie, le nez d'Hyacinthe parcourant les avantures d'un drame de l'Ambigu.

En un mot, le calembour fait délégué au milieu des incendiaires de la Commune.

Johannard (Jules) était devenu feuillagiste, il était né rédacteur du *Tintamarre*.

L'habitude de faire des mots était passée chez lui à l'état de manie désespérée; et il n'y avait pas de Commune qui tînt ou de procureur qui l'en empêchât, il fallait qu'il lâchât un calembour au nez des plus farouches et dans les circonstances les plus solennelles.

Raoul Rigault voulait de toute force le faire fusiller pour cette note trouvée au bas de la Déclaration des droits de la Commune :

« En *Avrial* ou en *Ranvier*, quand les *Jourde* s'allongent, on voit les *Amouroux* se promener dans la *Vallès* ou près

Delescluze Dupont; s'ils ont le *Grousset* garni, on les voit *Assy* sur la *Verdure* ou *Courbet* sur la folle *Avoine,* manger des *Gambons,* des *Eudes* sur le plat et *Trinquet* sans *Miot* dire. »

Vous comprenez sans peine qu'avec un pareil commandant, le 100ᵉ bataillon ne devait pas s'ennuyer, et pourquoi le général La Cécilia, qui avait des humeurs noires, s'était attaché ce joyeux compère.

C'est lui qui, passant une revue, aperçoit un artilleur qui décrivait des paraboles à rendre jaloux une bombe.

— Eh ! qu'avons-nous donc ce matin, citoyen ? lui crie Johannard :

— Je crois que j'ai pris un petit canon de trop.

— Oh ! un canon. Aussi modeste que brave. Dites une batterie !

Travaillant en Angleterre où il fut nommé membre du conseil général de l'Internationale à Londres, il s'enrôla dans cette vaste Société qui le porta aux élections de la Commune.

Délégué aux affaires extérieures, ses collègues pensaient qu'un homme aussi joyeux aurait une influence irrésistible sur les cabinets européens, en raison du proverbe qui dit : Quand on rit, on est désarmé.

Cependant, dans la séance de la Commune où l'on décida

l'incendie des monuments de Paris, après qu'un orateur se fût écrié :

« Plutôt brûler la ville entière, que d'y subir la rentrée de l'ennemi! Plutôt deux millions d'être misérables, que deux millions d'être avilis! »

Le citoyen Johannard lança un mot qui faillit sauver la capitale :

« Si Paris n'avait pas ses monuments, ce serait un petit Cayenne. »

Condamné le 5 juillet 1870 à un an de prison par le tribunal correctionnel de Paris (6ᵉ chambre), pour avoir fait partie d'une société secrète et prononcé des discours dans les séances publiques, notamment salle de la Fidélité, Johannard ne manqua pas de se faire un titre de cette condamnation auprès des électeurs, quand le grand jour de l'Internationale arriva.

Il fit provision de ses sourires les plus doux, de ses bons mots les plus épicés, des calembours les plus inédits avant de s'élancer dans la lutte politique.

Malheureusement les circonstances prêtaient peu à la gaieté.

Furieux de voir les pétards de son esprit rater, les fusées de ses plaisanteries passer inaperçues, les bombes de sel à peu près faire long feu, il résolut d'attacher son nom à un feu d'artifice désormais historique.

Aussi est-on bien surpris de voir figurer au milieu des noms des Delescluze, Regère, Ranvier, Vésinier, Brunel, le nom du facétieux Johannard sur le terrible ordre d'incendie qu'on a partout reproduit :

« Le citoyen Millière, à la tête de 150 fuséens, incendiera les maisons suspectes et les monuments publics.

« Le citoyen Dereure incendiera les 1ᵉʳ et 2ᵉ arrondissements.

« Le citoyen Billioray incendiera les 9ᵉ, 10ᵉ et 20ᵉ arrondissements.

« Le citoyen Vésinier incendiera les boulevards. »

Trouvé dans le fort de Vincennes, le citoyen Johannard fut passé par les armes dans les fossés, le 2 juin, à l'âge de vingt-sept ans.

Comme au moment de l'exécution on lui disait de se mettre à genoux :

« Oh ! s'écria-t-il, je ne puis me *Vésinier* à *Courbet*. Je *Dereure Assy*. »

Et il tomba.

Tant de calembours méritaient une peine capitale.

PEYRUSSET

Alfred Peyrusset, délégué au ministère de la marine,

Chef d'état-major,

Et commandant d'une canonnière, appartient à l'une des meilleures familles de Bordeaux, sa ville natale.

Après avoir voyagé au long cours, Peyrusset fut nommé lieutenant de la marine confédérée pendant la guerre de la sécession.

Il vint ensuite à Paris, où il n'eut pendant longtemps aucun moyen d'existence.

Alfred Peyrusset a conservé à terre les habitudes de la vie de bord.

Sa nature violente, excitée encore par l'abus des alcools, l'avait fait détester des fédérés placés sous son commandement.

Il fut même enfermé par ordre de la Commune à la prison du Cherche-Midi, où il était encore au 22 mai.

Délivré par l'armée, l'ex-délégué à la Marine fut conduit à Versailles, où il est encore actuellement.

CAVESKY

Garçon boucher à la Villette, ancien réclusionnaire. Devint au 18 mars lieutenant-colonel des turcos.

JULES VALLÈS

Jules Vallès est évidemment un des hommes les plus remarquables du 18 mars.

Barbu à la façon des singes, très-brun de cheveux et blême de teint, il avait de gros yeux ronds et sauvages, un nez courbé, une grande bouche avec de grosses lèvres rouges, le front haut et les épaules rentrées.

En un mot, Vallès était laid, mais d'une laideur relevée par une expression d'énergie, presque de férocité.

Né au Puy, en 1833, Vallès vint à Paris vers 1850 pour y étudier le droit en quittant les bancs du collège de Nantes, où il avait fait ses premières études.

Mais il s'occupa surtout de politique et fut enfermé pour ce fait à la prison de Mazas.

En quittant les murailles humides de son cachot, Vallès, éprouvant le besoin de rétablir au grand air sa santé affaiblie, se rendit à Nantes, où il travailla à un pamphlet anonyme qui fut publié en 1857, sous le titre de : *l'Argent par un homme de lettres devenu journaliste.*

Une des nombreuses professions que Vallès remplit se rattache à la publication de ce volume.

Lorsqu'il eut terminé son ouvrage, Vallès le fit imprimer chez M. Ange Jumelais, à Nantes.

Un mois après la livraison du manuscrit, le volume fut composé, tiré à mille exemplaires, broché, en un mot, prêt à être mis en vente.

Il n'y avait à cela qu'un obstacle : c'est que Vallès était complétement dépourvu d'argent pour solder les frais d'imprimerie.

L'imprimeur — bon diable — lui proposa alors le marché suivant :

— Restez pendant un an attaché à ma maison, et je vous livre aujourd'hui vos mille exemplaires.

Il est inutile d'ajouter que Vallès accepta cette proposition, et que, peu de temps après, il quittait l'imprimerie de M. Jumelais pour rentrer à Paris, sans avoir acquitté sa dette.

Cependant ce volume avait été remarqué, et M. de Villemessant prenait Vallès au *Figaro* bi-hebdomadaire pour rédiger le bulletin de la Bourse.

Mais le fruit de ce travail ne suffisait pas à l'existence de Vallès, qui dut entrer, pour vivre, en qualité de commis, dans les bureaux de l'Hôtel de Ville, où il resta fort peu de temps, du reste.

En 1864 ou 1865, lorsque Feydeau fonda l'*Epoque*, Jules Vallès publia quelques articles dans les colonnes de ce journal, puis il entra à l'*Evénement*, où sa collaboration fut payée 18,000 francs par an.

Cela ne dura malheureusement qu'un mois à peine.

Les premiers articles qu'il publia dans l'*Evénement* eurent un certain succès, mais il soigna bientôt beaucoup moins sa copie, et quitta M. de Villemessant pour fonder la *Rue*.

La *Rue* ne vécut que quelques numéros, après avoir enrichi le monde littéraire d'une quantité d'écrivassier, découverts par Vallès, et initiés par lui au genre matérialiste.

De nouveau sans ressources, l'auteur de *l'Argent* ne fit plus que de la politique de café, nourrissant d'absinthe à l'estaminet de Madrid les projets épouvantables qu'il a malheureusement réalisés.

En 1869, Vallès devint un des orateurs les plus assidus des réunions électorales ; il se présenta aux électeurs de la 8ᵉ circonscription. Sa candidature ne fut pas acceptée, mais la profession de foi qu'il fit à cette époque devait certainement le conduire sur les bancs de... l'Assemblée communale :

« Citoyens,

« Quelques-uns d'entre vous sont venus me dire : « Dans
« notre circonscription, la démocratie socialiste n'a pas de
« candidat.

« Voulez-vous la représenter ?

« Le lendemain, j'étais au milieu de vous, tout fier de cet appel que m'adressaient des travailleurs.

« J'ai toujours été l'avocat des pauvres ; je deviens le candidat du travail ; je serai le député de la misère.

« La misère !

« Tant qu'il y aura un soldat, un bourreau, un prêtre, un gabelou, un rat-de-cave, un sergent de ville cru sur serment, un fonctionnaire irresponsable, un magistrat inamovible ; tant qu'il y aura cela à nourir et à payer, peuple, tu seras misérable !

« Écoute encore !

« Tant que l'éducation sera vendue comme elle l'est aujourd'hui, tant qu'elle sera un titre de noblesse et un passeport de parasitisme pour un petit nombre : écrivassiers de salon, bavards du barreau, pédants de l'Université, — peuple, tu seras esclave.

« Veux-tu, peuple, que la misère meure et que la liberté ressuscite ?

« Pour enterrer celle-là et ressusciter celle-ci, essayons tout, même d'aller au scrutin avec la chance d'une défaite.

« Electeurs de la 8ᵉ circonscription,

« Voulez-vous grouper autour de mon nom vos souvenirs de vaincus, vos espoirs légitimes de revendication ?

« Ce nom signifie :

« Haine de toutes les servitudes ;

« Mépris de toutes les aumônes ;

« Droit au travail ;

Liberté ! justice ! »

Deux ans plus tard, certains électeurs se sont groupés autour de Vallès qui, malgré ses promesses, n'a ni enterré la misère, ni ressuscité la liberté pour eux.

Le portrait moral de Jules Vallès se résume en trois mots :

Ambition,
Orgueil,
Égoïsme.

Parlant très-haut et toujours de lui, André Gill l'a représenté en chien de corbillard traînant une casserole.

Tout Vallès est dans ce portrait.

Il aimait à rire auprès de la mort.

La nuit de l'exécution de l'assassin Philippe, Vallès, après avoir vu tomber la tête du supplicié, demanda et obtint la « *faveur* » d'aller visiter la cellule du trépassé et de s'asseoir sur son lit « encore chaud. »

GUEDENEL

Membre de l'assemblée politique du café de la Source, boulevard Saint-Michel,

Publia quelques écrits sur les matières juridiques et notamment un *Traité de législation élémentaire*.

Au 18 mars, Guedenel fut nommé greffier de la Commune.

LACAILLE

Commandant des Tuileries, chargé de mettre le feu à l'hôtel des Postes.

L'honnêteté du citoyen Theisz le fit échouer dans cette entreprise.

CH. BESLAY

Il y a comme cela dans la comédie contemporaine des personnages qui ont le don de provoquer des larmes et d'autres le rire à première vue.

Le citoyen Ch. Beslay, dans le mélodrame de la Commune, s'était réservé, de par son physique, l'emploi de père noble ou de financier.

Et sans avoir jamais aperçu le bout de son nez, je ne peux entendre prononcer son nom sans qu'aussitôt ne se présente à ma mémoire la fameuse phrase de la *Tour de Nesle :* « C'était une noble tête de vieillard. »

La prose de Dumas se fait peinture, et le discours de Buridan devient fantasmagorie.

Charles Beslay était vieux, puisqu'il est né en 1795; il était riche aussi : ce qui eût milité doublement pour l'éloigner de cette singulière galerie de l'Hôtel de Ville, dont l'équipage a sombré, en dépit de la devise parisienne : « *Fluctuat nec mergitur.* »

Mais le bonhomme voulait encore jouer un rôle, et quoique son temps fût passé, il voulut remonter sur les planches politiques, au risque de se faire siffler ou de s'y casser le cou.

Est-ce que les vieux comédiens renoncent ainsi, sans regrets et sans retour, à leur ciel de papier, aux maisons de toile, aux dîners de carton, au soleil de gaz, quand bien même ils connaissent le revers des décors, le praticable du lointain, les cordes des frises, les charpentes du troisième dessous ?

Je vous le dis en vérité, ils préfèrent toujours cette nature artificielle qu'ils contemplent chaque soir, où les arbres sont bleus, le soleil vert, les femmes peinturlurées, aux véritables campagnes, au doux soleil, aux fleurs embaumées, aux filles fraîches et saines.

Nous avons dit que Charles Beslay était né en 1795, à Dinan, où il était ingénieur. Il s'occupa longtemps en cette qualité des travaux du canal de Nantes à Brest.

En 1830, les électeurs de Poitiers l'envoyèrent surveiller les écluses du gouvernement parlementaire à la Chambre des députés, où il prit place à l'extrême gauche.

Il établit alors à Paris des ateliers de construction dans lesquels il prétendit appliquer au salaire de l'ouvrier un système de canalisation ou d'association qui ne réussit qu'à moitié.

On lui tint compte de ses efforts et de sa bonne volonté, et après la révolution de février, il fut nommé commissaire général du Morbihan, puis élu représentant du peuple par 95,000 suffrages.

Dans la longue carrière législative de ce Nestor socialiste, c'est à peine si on trouve une question digne d'intérêt qu'il ait abordée.

Les vieux fumeurs se souviennent peut-être qu'il a proposé la diminution de l'impôt sur les tabacs dans les villes manufacturières où la consommation dépassait certain chiffre; mais il y a si longtemps, qu'ils ont eu le loisir de casser bien des pipes depuis !

Après les élections du 10 décembre, l'ancien radical de 1830 devient de plus en plus muet et se momifie de plus en plus, si bien qu'en le voyant reparaître depuis la République, on eut l'intention de crier au revenant.

Toujours préoccupé du sort des travailleurs, il croyait le moment venu d'opérer les réformes sociales qu'il avait choyées, élevées, imprimées dans le silence du cabinet.

Les dogmes de l'Internationale ne s'étaient pas encore affirmés avec cette brutalité cynique que depuis... mais alors le père Beslay pouvait croire encore qu'il était appelé à tenir sur les fonts du baptême la société régénérée.

Oh ! comme il eût vite rentré et le goupillon du bénisseur, et son écharpe, rouge et ses capitaux, s'il eût su que les adhérents de la Commune moins fortunés que lui ne visaient à rien moins qu'à l'abolition :

De la religion,
De la propriété,
De la famille,
De l'hérédité,
Et de la nation !

Élu député aux élections de février, il donna bientôt sa démission pour briguer les honneurs du conseil communal, dont il fut nommé président.

C'est dans sa séance d'installation qu'il déclara que la garde nationale et le Comité central avait bien mérité de la patrie...

Le patriarche en était encore aux fêtes pastorales de la fédération de 1789, tandis que ses collègues s'apprêtaient aux orgies de 1793.

Et comme morceau capital, pour montrer qu'il avait de la mémoire malgré son âge et du feu malgré ses infirmités, il décocha à M. Thiers ce fameux monologue dont la ritournelle était : « Donnez votre démission !... »

Après quoi, satisfait d'avoir rempli son rôle sans avoir eu besoin du souffleur, il se retira dans la commission des finances, où la Commune allait lui tailler de la besogne.

Car, à l'envers du vieillard de La Fontaine, le gouvernement de l'Hôtel de Ville ne cessait de répéter :

« C'est les fonds qui manquent le plus. »

Millions trouvés dans la caisse du Trésor, millions requis

aux chemins de fer n'étaient pas éternels, et la Banque de France, qui n'est pas plus prêteuse que la fourmi, avait des appas bien tentants pour qui ne demande qu'à succomber !

Heureusement le père Beslay, qui voyait les dangers courus par une si honnête personne que la Banque, arriva en disant comme dans le *Brésilien* :

« Voulez-vous accepter mon bras ? »

La persécutée, qui ne pouvait refuser la protection de ce vieillard, s'en tira avec une rançon de dix-neuf millions que celui-ci lui conseilla de semer sur sa route pour retarder la poursuite des assaillants.

Comme le jeu de l'oie, ce procédé est renouvelé des Grecs ; mais on doit en tenir compte à celui qui s'en souvint à temps pour sauver notre premier établissement de crédit.

Une autre démarche qui plaide en faveur du caractère de Charles Beslay, c'est celle qu'il entreprit une campagne auprès de Raoul Rigault pour en obtenir l'élargissement de Gustave Chaudey.

Mais le farouche procureur de la Commune s'emporta et répondit :

« — Le *Père Duchêne* a raison, je ne ferai que mon devoir en faisant fusiller ce misérable Chaudey. »

Charles Beslay dut alors s'avouer avec amertume qu'avec de pareils collègues, la régénération sociale qu'il avait espéré accomplir était furieusement compromise.

Mais comme le bonhomme a un fonds d'illusion inépuisable, il se consola probablement en se disant :

« — Bast ! la Banque de France s'est bien saignée de dix-neuf millions et elle n'est pas encore morte !

« Qui sait si, Chaudey fusillé, je ne le retrouverai pas un jour bien vivant ? »

Oui, il pourra un jour se trouver en face d'un Chaudey vivant,

Mais celui-là sera le fils qui lui demandera compte du sang versé.

ROMANETTI

Jérôme Romanetti, un Corse celui-là, ainsi que l'indique son nom, est un ancien officier payeur de l'hôpital militaire d'Ajaccio.

Révoqué de ses fonctions, il vint à Paris auprès du comte Bacciochi son compatriote, qui lui fit obtenir une pension de 150 francs par mois sur la cassette impériale.

Il alla vivre avec cela, tant bien que mal, à Londres, où il devint un des familiers de Louis Blanc — dont la mère était sa tante — jusqu'au jour où la chute du régime impérial le priva de moyens d'existence.

Romanetti revint alors à Paris pour se jeter dans l'insurrection dont il devint l'un des chefs.

Le 18 mars le délégua à la direction du personnel du ministère de la guerre.

GEORGES CAVALIER

Cavalier dit *Pipe-en-Bois* a aujourd'hui vingt-neuf ans.

Reçu ingénieur civil après avoir fait d'excellentes études scientifiques, Cavalier a été une des célébrités du quartier Latin avant de devenir le héros du boulevard au mois de décembre de l'année 1866.

On se souvient encore et on se souviendra longtemps du concert de coups de sifflet qui accueillit les premières représentations de la comédie des frères de Goncourt, *Henriette Maréchal*.

— Les coups de sifflet du Théâtre-Français ne sont pas des coups de sifflet ordinaires, dit le public, en sortant de la salle Richelieu ; qui est-ce qui a sifflé ?

— C'est Pipe-en-Bois !

Répondit bientôt la *Rue* de Jules Vallès.

— Ah ! c'est Pipe-en-Bois !... mais à propos, qu'est-ce que Pipe-en-Bois ?...

Alors Vallès, flairant un succès, raconta que Pipe-en-Bois était le sobriquet d'un étudiant répondant au nom de Georges Cavalier.

C'était vrai ; Cavalier avait organisé la cabale contre *Henriette Maréchal*, mais jamais il n'avait été surnommé Pipe-en-Bois.

Cependant il fut tant parlé de lui sous ce surnom grotesque, qu'il dut renoncer à s'en défaire.

Sans Vallès, Cavalier serait aujourd'hui un des premiers ingénieurs de l'avenir.

Ce sobriquet de Pipe-en-Bois lui ferma toutes les portes.

Un jour, il y a environ trois ans de cela, on recommanda à l'un des chefs de division de la préfecture de la Seine un jeune homme intelligent.

— J'ai précisément son affaire, répondit le bureaucrate, qu'il vienne demain.

Le jeune homme fut exact au rendez-vous; parfaitement reçu par le fonctionnaire, celui-ci lui confia des travaux à exécuter, puis il dit :

— A propos, mon jeune ami, vous avez oublié de me donner votre nom.

— George Cavalier, répondit l'ingénieur.

— George Cavalier, reprit l'autre, ah! oui, attendez donc... Pipe-en-Bois !...

Puis il partit d'un grand éclat de rire, et Cavalier perdit ainsi sa commande.

Classé au nombre des célébrités du genre Thérésa, Cavalier se crut obligé de fréquenter le café de Suède et se lia avec les rédacteurs des petits journaux qui fréquentaient ce cabaret malsain.

Il devint lui-même rédacteur de la *Rue*, et collabora plus tard à la *Montagne* de Maroteau, et au *Citoyen*.

Au mois de mars 1870, George Cavalier fut cité, par la partie civile, comme témoin dans l'affaire du meurtre de Victor Noir.

Six mois plus tard, c'est-à-dire au 4 septembre, le gouvernement provisoire le nomma préfet du Gard, poste qu'il abandonna bientôt pour suivre Gambetta à Bordeaux en qualité de secrétaire.

Là, comme à Paris, le surnom que lui donna Vallès poursuivit encore Cavalier.

Le *Figaro* annonça qu'il avait reçu lord Lyons en l'absence de Gambetta.

Le lendemain tout Paris s'écriait :

— Ah! Gambetta qui fait recevoir lord Lyons par Pipe-en-Bois!!!

Ce qui fit dire au *Père Duchêne* :

« Ah! Gambetta? — Quoi donc? — Il a fait recevoir lord Lyons par Cavalier, le grand sec qu'on appelle Pipe-en-Bois!

« Lord Lyons!... Un ambassadeur d'Angleterre!!!

« Qu'est-ce que ça nous f... les ambassadeurs ? »

De retour à Paris après la démission de Gambetta, Cavalier devint au 18 mars directeur des jardins et promenades sous la Commune, et l'on peut dire qu'il fut le seul des hommes du 18 mars à la hauteur de son emploi.

George Cavalier ne doit pas être confondu avec les incendiaires qui ont ruiné Paris.

Tout le monde le connaissait et l'aimait ;

Ses allures franches, son caractère commandaient la sympathie.

George Cavalier vivait à Neuilly, rue Victor-Noir, avec sa mère, sa jeune femme et ses deux enfants.

On peut dire de lui : Ce fut un fou, mais non pas un fou dangereux.

BRIOSNE

Vétéran du parti républicain, fut inculpé, dès 1854, dans l'affaire dite de la Marianne, et condamné à quelques années de réclusion.

Au mois de mai 1869, Briosne parut de nouveau sur la scène politique dans le rôle de candidat démocrate et socialiste dans la neuvième circonscription.

Il n'obtint qu'un très-petit nombre de voix.

Plus heureux sous la Commune, 2,456 électeurs du neuvième arrondissement l'appelèrent à siéger à l'Hôtel de Ville.

Le citoyen Briosne refusa d'accepter son mandat, parce qu'il n'était élu qu'à la majorité de faveur.

Nous devons lui tenir compte de ce scrupule, que beaucoup de ses collègues n'eurent pas.

Briosne est grand, maigre, barbu, osseux et rappelle par certains côtés la tête fantastique de M. Glais-Bizoin.

COURNET

Frédéric Cournet est né à Lorient (Morbihan), vers 1839.

Après avoir fait ses études dans cette ville, il vint à Paris, où il essaya un peu de tous les métiers, et devint l'un des nombreux commis-voyageurs qui furent chargés d'aller recueillir en province des souscriptions pour la fameuse exposition de machines qui eut lieu à Auteuil, il y a quelques années, et dont on se souvient encore du peu de succès.

Ce début, peu encourageant, il faut le dire, décida Cournet à chercher ailleurs que dans la capitale du monde civilisé ses moyens d'existence.

Il se rendit donc à Bordeaux, où il ne tarda pas à être admis comme employé dans l'administration des chemins de fer du Midi.

Ayant abandonné ce poste, il le reprit bientôt, après avoir végété quelque temps à Nice.

Mais la carrière administrative ne convenait pas au caractère indiscipliné de Frédéric Cournet.

Il n'attendait qu'une occasion pour quitter le grattoir des bureaucrates ; cette occasion se présenta à lui sous la figure d'un correspondant dramatique qui lui proposa un emploi récréatif.

Cournet fut nommé régisseur du Casino d'Arcachon.

Là, l'ancien commis-voyageur s'attira, par ses bonnes manières et son esprit, l'amitié de tous les habitués des villes d'eaux.

Les dames surtout avaient pour lui de visibles attentions ; les élégantes se disputaient un de ses regards : c'était à qui obtiendrait une parole du galant régisseur.

— Monsieur Cournet par-ci.

— Monsieur Cournet par-là.

Les échôs de la plage d'Arcachon ne répétaient que ce nom.

Tout autre que Cournet en serait mort de consomption, mais il avait une robuste nature, et puis il abandonna Arcachon pour revenir à Paris, où Delescluze l'inscrivit au tableau de la rédaction de son journal.

Cournet, devenu l'un des collaborateurs les plus assidus du *Réveil*, fut nommé, lors du siége de Paris, officier supérieur de la garde nationale, et se présenta à la députation au mois de février de cette année.

Élu membre de l'Assemblée nationale par les électeurs du département de la Seine, il siégea quelque temps à la Chambre et donna sa démission, en même temps que son ami Delescluze, pour accepter le mandat de membre de la Commune.

Adjoint à la Commission de sûreté générale dès le 31 mars, Frédéric Cournet remplaça plus tard le farouche Raoul Rigault à la direction de ce service et fit décréter la suppression d'un grand nombre de journaux.

Les opinions républicaines qu'il manifesta toujours lui avaient été inspirées par son père.

L'ex-délégué à l'ex-préfecture de police était en effet le fils du capitaine de vaisseau Cournet, celui-là même qui présida, au mois de juin 1848, avec le trop fameux Barthélemy, à la construction de la barricade du faubourg Saint-Antoine, chantée par Victor Hugo.

Au mois d'octobre 1853, le capitaine Cournet, réfugié à Londres, s'étant permis quelques propos malsonnants sur les antécédents de Barthélemy, fut tué en duel par cette sorte d'aventurier.

Il fut reconnu après l'affaire que l'on avait oublié de mettre une balle dans le pistolet de Cournet.

Quelques années plus tard, Barthélemy ayant commis un autre crime pour lequel aucune circonstance atténuante ne put être présentée, il fut pendu — haut et court — par le bourreau de Londres, le 15 janvier 1855.

LONGUET

Le type de l'étudiant éternisé par le crayon de Gavarni.

Longuet a longtemps traîné dans les brasseries du quartier Latin, à *Bullier* et à *Bobino*, ses longs cheveux coiffés d'un berret ou d'un feutre mou et sa longue pipe de terre.

En 1867, Longuet collabora au journal de Jules Vallès *la Rue*, ce qui lui valut sans doute, lorsqu'il fut élu membre de la Commune par 870 électeurs, l'honneur d'être délégué à la direction du *Journal officiel*.

Son séjour au quai Voltaire ne fut pas de longue durée.

On s'aperçut bientôt qu'il consacrait beaucoup plus de son temps à la brasserie de la rue Saint-Séverin qu'à la rédaction du journal, et il fut remplacé par Paul Vésinier.

Comme trait des mœurs de Longuet, nous citerons le fait suivant :

Un soir que nous traversions la cour du Louvre, nous vîmes étendu sur un des bancs dont cette place est entourée, un homme couché, endormi, ivre.

C'était le rédacteur en chef du *Journal officiel*.

MENOTTI GARIBALDI

Membre *in partibus* de la Commune, il n'a tenu qu'à lui d'être conseiller municipal, général en chef de la garde nationale, dictateur de la République universelle.

6,076 voix l'avaient élu dans le 19e arrondissement, et sur la proposition des citoyens Blanchet et Chouteau, il avait été déclaré commandant supérieur des forces de la Commune.

Très-prudent et très-Italien, Garibaldi le père, qui a étudié Machiavel à travers l'esprit du peuple, et le caractère parisien dans les mémoires du signor Mazarini, conseilla à son fils Menotti de laisser la Commune chanter des sérénades sous ses fenêtres, lui offrir des bouquets, l'accabler d'honneurs et de vivats, mais de se garder de ce gouvernement postiche ne contenant ni un homme ni une idée.

Aussi le Comité central a-t-il attendu vainement Garibaldi sous l'orme municipal.

Mais la Commune avait annoncé la venue du célèbre Italien, il lui fallait un Garibaldi à tout prix, en chair et en os, voire même en baudruche, pour contenter les exigences de la foule.

Cette légende de la venue de Garibaldi était si bien répandue dans le peuple qu'elle faisait partie du programme de la révolution, assurait son succès et que les démentis vous exposaient aux traitements les plus durs.

Lorsque le général Cremer se rendit à l'Hôtel de Ville, suivi d'un mamelouck, la foule cria :

Vive Garibaldi!

Mais ce n'est pas lui, dit un soldat qui avait servi sous les ordres de Cremer.

— Si ce n'est pas celui-ci, c'est l'autre, répliquait l'entêté en désignant le mamelouck d'ordonnance.

Le plus infime voyou en chemise rouge était acclamé comme Garibaldi le fils, à défaut du père.

Le jour de la proclamation des votes de la Commune, personne n'avait encore aperçu ni l'un ni l'autre; la situation devenait critique.

Se passer du héros de la fête semblait impossible à la Commune, qui, inaugurant le système des réquisitions, ne demandait que le moyen de s'en procurer un par une voie quelconque.

Enfin l'heure solennelle a sonné; la garde nationale défile, le canon tonne. On se croirait à la fête du 15 août.

Vive Garibaldi! crie soudain la foule en délire, car en ce moment Assy descendait les marches de l'Hôtel de Ville, suivi d'un jeune officier en chemise rouge, orné d'un feutre à plume noire et extraordinairement galonné.

— Tiens! il est blond, fait enfin un citoyen qui ouvre l'œil.

— Et pourquoi ne le serait-il pas? il en a le droit.

— Je ne dis pas le contraire; mais je croyais les Italiens bruns, en général.

— Et vous auriez raison en ce qui concerne Menotti, fit un personnage qui arrivait.

— Eh bien! c'est qu'il s'est fait teindre, tas de réactionnaires, cria l'entêté.

Et personne au monde ne put enlever de l'esprit du plus grand nombre que Garibaldi était présent à Paris, même après la déclaration de M. Thiébauld, son officier d'ordonnance, qui affirma dans une lettre rendue publique qu'aucun des Garibaldi n'avaient paru dans la capitale.

L'erreur des Parisiens qui, dans Garibaldi, ne voient qu'un symbole et non point des personnes, est excusable par l'union de l'existence de sentiments d'amour, qui n'a cessé d'unir le père aux enfants, la sœur aux frères.

Menotti, associé dès longtemps aux aventures de la vie paternelle, n'a point rompu avec les traditions de famille par son mariage avec la vénitienne Mlle Bedeschini.

Il est toujours le bras droit de son père, qu'il a suivi dans ses expéditions et qu'il a remplacé quelquefois en qualité de chef, notamment dans ses tentatives contre Rome.

On raconte qu'ayant établi son quartier général à Nérolo par une marche d'une hardiesse que justifient seuls le danger et la victoire, il s'avança sur les hauteurs de Parioli jusqu'à 15 kilomètres du Pincio.

Mais il eut le bonheur de sauver son père en protégeant sa marche en avant.

LAROQUE

Ancien rédacteur du *Parlement*, journal dirigé par Georges Ganesco, sous l'inspiration de M. Rouher, Jean Laroque fut envoyé au Creuzot au mois de janvier 1870 pour tenir les lecteurs de cette feuille semi-officiel au courant de la grève.

Il défendit partialement la cause des grévistes, ce qui le lia avec Assy, par l'entremise duquel il devint au 18 mars adjudant de l'Hôtel de Ville.

Pendant le règne de la Commune, Laroque fit partie de l'alliance républicaine des départements et prononça quelques discours en plein vent dans le but de concilier les partis.

Jean Laroque a environ vingt-huit ans; grand de taille, il porte de longs cheveux châtains et une barbe séparée au menton qui le fait ressembler au dieu Pan.

MILLIÈRE (JEAN-BAPTISTE)

Millière est assurément l'un des plus coupables auteurs de l'insurection du 18 mars.

Homme de beaucoup de sang-froid et d'une valeur suffisante pour se faire écouter des gens auxquels il s'adressa pendant sa carrière politique, Millière, se fit, lors de la fondation de la *Marseillaise* dont il devint directeur, le propagateur de dangereuses manifestations, déclarations, ordres du jour et autres élucubrations des syndicats de la Société internationale.

On pourrait, en effet, en consultant les collections de la *Marseillaise*, retrouver les noms de presque tous les hommes dont la Commune fut composée, à la suite des articles par lesquels le citoyen Millière excitait chaque jour le peuple à la guerre civile.

Ce petit métier le conduisit souvent devant le tribunal composant la 6e Chambre de la police correctionnelle et lui valut différentes condamnations.

Il était encore à Sainte-Pélagie, lorsque survint, au mois

de mars 1870, le procès du meurtre de Victor Noir par Pierre Bonaparte, et l'on dut le conduire de Paris à Tours, entre deux gendarmes, pour qu'il comparût comme témoin devant les hauts jurés.

Le tact dont Millière fit preuve en cette circonstance, sa politesse recherchée envers le tribunal, la modération de son langage et son habileté lui valurent des sympathies.

Si tous les témoins qui avaient intérêt à faire condamner Pierre Bonaparte avaient agi ainsi, il est permis de croire que le jugement du tribunal n'aurait pas été aussi favorable à l'accusé.

Réintégré à Sainte-Pélagie après la décision de la haute cour, Millière en sortit plus révolutionnaire que jamais, et l'on se souvient encore des articles qu'il publia, pendant le siége, dans les colonnes de la *Patrie en danger*, contre M. Jules Favre.

Quelque temps auparavant, Millière ayant été accusé d'avoir fait disparaître une somme de *dix-huit mille francs* résultant de la souscription ouverte pour élever un monument à Victor Noir, on raconte qu'il reçut semblable somme des ennemis de M. Favre, qui lui avaient inspiré les scandaleux articles publiés contre le ministre des affaires étrangères.

Après la signature des préliminaires de paix, Millière, élu représentant du peuple par les électeurs du département de la Seine, siégea à l'Assemblée de Bordeaux et de Versailles.

Evitant à la Chambre les questions politiques, il s'occupa surtout des questions touchant l'économie sociale, et parvint à se faire écouter lors de la discussion des projets de loi sur les loyers et les échéances, présentés par lui.

Vers le 10 avril, lorsque les communications entre Paris et Versailles furent complétement interrompues, Millière resta dans Paris, où il prit une part active aux travaux de la Commune.

Arrêté lors de l'entrée des troupes, il fut fusillé sur les marches du Panthéon et mourut en criant:

— Vive la République! vive la liberté! vive l'humanité!

Millière était un homme de cinquante-quatre ans.

Né à Saint-Etienne, croyons-nous, il avait été avocat au barreau de cette ville et chef du contentieux à la compagnie d'assurance *le Soleil* avant d'entrer à la *Marseillaise*.

GAMBON

La légende nous a conservé le nom de certains hommes dont le souvenir évoque toujours une seconde image et une double personnalité.

Castor et Pollux, Euryale et Nissus, Damon et Pythias !

Dans un ordre inférieur d'amitié, saint Antoine ne nous apparaît que suivi de son cochon, Roland de sa jument, Jean de Nivelle de son chien.

Pour la postérité, la mémoire de Gambon est liée à celle de sa vache; car c'est la vache qui a illustré l'homme.

Sans celle-là, celui-ci n'était rien.

Il a eu l'esprit, il est vrai, de faire de cet innocent animal une excellente vache à lait dont il a extrait toute la popularité imaginable.

Aussi, quand il entrait dans une réunion publique, on cherchait aussitôt la bête derrière l'homme.

Ennuyait-il l'assemblée par quelque longue harangue,

un gavroche, rajeunissant le : « Et ta sœur ! » lui criait de sa voix la plus flattée : « Gambon ! et ta vache ? »

L'assemblée applaudissait.

La première fois qu'il parut aux séances de la Commune, les membres présents furent très-désappointés qu'il ne leur présentât pas sa vache ! Une vache si populaire !

La Commune la considérait déjà un peu comme sienne, à l'exemple de ces chiens de troupiers qui deviennent l'ami du soldat et sont adoptés par tout le régiment.

Je ne suis même pas bien certain que le décret d'adoption de la vache à Gambon par la Commune n'ait pas été préparé en séance secrète.

Ah ! si le moindre atome d'ambition personnelle eût germé sous le croissant de la bonne bête, comme elle eût pu *vêler* en repos dans les salons de l'Hôtel de Ville !

Les citoyennes André Léo et Jaclard, se fussent fait un plaisir de transformer son lait en de succulents petits fromages d'honneur qui auraient été distribués, en séance publique, aux Vengeurs de la République.

Récompense de l'âge d'or qui eût remplacé avec économie la croix et autres hochets de vanité.

On l'eût désignée sous le nom de la décoration à la vache.

8.

Gambon, pastoral Gambon, et trois fois inconnu Gambon, malgré ton élection à la Chambre de 1848, que tu fus inspiré sagement, lorsque, ne voulant point payer d'impôts, tu laissas saisir ta vache !

C'était de l'ingratitude, mais de l'habileté aussi :

« Tu lui cédas ton nom, elle te donna la gloire, » eût dit Corneille aujourd'hui.

Mais les corneilles de la Commune abattaient plus de noix qu'ils ne faisaient d'alexandrins.

Ce qu'il y a de plus curieux dans notre France, c'est qu'un homme ne peut parvenir à une grande position sans qu'aussitôt, lui, sa femme et son chien ne soient inondés de pétitions, de demandes et d'apostilles.

Lorsque, le 21 avril, Gambon fut nommé à la délégation de la justice, il n'échappa point à la maladie commune.

Seulement, c'était à sa vache que les malins s'adressaient. Les demandes de bureau de tabac jonchaient sa litière. Pour Gambon, c'était une économie de paille.

Après tant de gloires traversées ensemble, d'honneurs supportés en commun, le maître ne pouvait à l'heure du danger abandonner à l'incendie l'animal qui lui avait été si utile dans sa longue carrière de médiocrité et d'ineptie.

Il se résolut à lui demander un dernier service et compta sur sa vache pour protéger sa fuite.

Déguisé en bouvier, le bâton à la main, il essaye de franchir une des portes de Paris du côté opposé à l'entrée des Versaillais.

— Votre permis, citoyen, est en règle, lui dit la sentinelle, après avoir jeté les yeux sur la feuille, mais vous ne pouvez emmener cette vache.

— Ce n'est point une bête ordinaire, mon ami, insinua le membre de la Commune, c'est presque un personnage !

— Raison de plus ! fit l'autre, son nom n'est pas sur le passe-port.

Forcé de rebrousser chemin, Gambon, en arrivant aux Gobelins, où, derrière les barricades, les insurgés se défendent avec la fureur du désespoir, fait comme eux, prend un fusil et demeure sur la brèche jusqu'au moment où quelques-uns des siens l'emportent évanoui dans un hangar où ils espèrent le dérober aux poursuites des soldats.

Lorsque Gambon revint à lui, il porta machinalement les yeux vers une lucarne qui donnait sur la campagne.

Soudain il pousse un cri et s'élance au dehors !

Un troupier en manche de chemise, la baïonnette au poing, s'apprête à sacrifier aux honneurs du pot-au-feu une superbe génisse.

— Arrête ! misérable, arrête ! c'est ma vache ! dit Gambon, en essayant de désarmer le boucher.

— La vache à qui ? reprit l'autre, surpris de cette intervention déplacée.

— Eh ! parbleu ! la vache à Gambon !

— Ah ! gredin de communeux, s'écrie le soldat, tu en as assez démonté de mes pauvres camarades ! A moi les enfants !

Et un officier passant par là fit envoyer douze balles dans la tête de l'homme à la vache.

MEILLET

Vingt-sept ans.

Léo Meillet étudiant en droit, délégué à la Commission de justice, se fit remarquer à la Commune en proposant la démolition de l'église Bréa, qui est, disait-il, « une insulte permanente au 28 juin. »

Le 21 avril, Meillet fit partie de la Commission déléguée aux relations extérieures, et annonça le 27 de ce même mois, à ses collègues, qu'il avait reçu la visite du ministre de la République de l'Equateur, chargé par son gouvernement de présenter ses sympathies aux membres de la Commune.

Malheureusement, M. H. de Brutamente, dans une lettre fort spirituelle publié par les journaux, fit tomber les illusions des communeux enchantés, en délarant qu'il n'y a en ce moment, en Europe, aucun ministre de la République de l'Equateur.

ROSSEL

Encore un homme pâle, dont l'apparition aurait rendu soucieux le front de César.

Et César n'aurait pas eu tort de se défier de ce grand jeune homme maigre, au front plissé, au masque bilieux, coupé, dans sa partie inférieure, par une bouche froide, aux lèvres minces, faite pour jeter le sarcasme et le mépris et scander les durs commandements de cette voix impérieuse.

Pour le juger tout d'une pièce, il fallait voir Louis Rossel, délégué de la Commune à la guerre, présidant avec une autorité absolue cette cour martiale qu'il avait fait sienne, et à la quelle il dictait ses arrêts, toujours empreints d'une sombre énergie.

Ce général-ministre de la guerre de l'insurrection de Paris avait reçu une éducation toute militaire. Fils du commandant Louis Rossel, dont la carrière avait été si dignement couronnée par la campagne de Chine, le jeune Nathaniel avait été envoyé au prytanée militaire de la Flèche, puis après à l'École polytechnique, d'où il était sorti avec un des premiers numéros. Il était capitaine du génie dans l'armée de Metz. Il protesta contre la capitulation que ne craignit pas de signer Bazaine, et réussit, au milieu de toutes les difficultés, à percer les lignes prussiennes, à se dérober à la captivité imposée à nos soldats et à arriver à Tours offrir ses services à la délégation du Gouvernement de la défense nationale.

Gambetta, alors ministre de la guerre, fit du jeune Rossel un colonel dans ce qu'il appelait l'armée auxiliaire.

Après la signature des préliminaires de paix, le gouvernement de Versailles ne voulut pas reconnaître comme valable la promotion faite par Gambetta. On offrit le grade de chef de bataillon à Rossel, qui, froissé dans l'âpreté de son ambition, prit la détermination de venir se mettre à la disposition de la Commune de Paris qui venait de faire son 18 mars.

Il fut nommé d'abord chef d'état-major du général Cluseret, qu'il remplaça en qualité de délégué à la Guerre, après l'incarcération de cet aventurier américain.

L'ambition de Rossel n'était, dit-on, qu'à moitié satisfaite.

Il aspirait à jouer le rôle d'un Bonaparte communiste et n'aurait pas reculé devant un 18 brumaire. Les grenadiers ont manqué peut-être.

Toujours est-il que Rossel, convaincu de l'impossibilité de la résistance après la prise du fort d'Issy, donna sa démission et se cacha pour se soustraire à la rancune de ses collègues de la Commune.

On le croyait en Suisse, en Angleterre. Il était simplement dans un hôtel garni du boulevard Saint-Germain, où la police l'a arrêté le 9 juin. Il avait pris la profession et le costume d'ingénieur du chemin de fer du Nord.

Conduit au Petit-Luxembourg, l'ancien délégué à la Guerre a subi un premier interrogatoire dirigé par M. Hincker, grand prévôt du corps de Cissey, et s'est vu mettre, malgré sa résistance, les menottes par les agents qui, après l'avoir garotté, l'ont amené à Versailles.

Rossel avait, prétend-on, des aptitudes militaires remarquables. Il les a, en tout cas, bien mal utilisées. C'était un déraillé qui, au lieu de remonter sur la voie, s'est embourbé dans les remblais pour dégringoler jusqu'au pied du talus.

Louis-Nathaniel Rossel est né à Saint-Brieuc (Côtes-du-Nord), le 9 septembre 1844, de Louis et de Sarah Campbell.

PARISEL

Les historiens futurs de la Commune de Paris ne trouveront, croyons-nous, que fort peu de détails sur la vie du sieur Parisel.

On sait seulement de lui qu'il fut, au 21 avril, délégué à la commission des subsistances, puis ministre du commerce, mais qu'il s'occupa surtout de la préparation des quantités de pétrole destinées à la destruction de la capitale.

Les talents qu'il déploya dans ces dernières fonctions lui valurent le titre de chef de la délégation scientifique

GAILLARD PÈRE

La ville de Nîmes a vu naître une dynastie de Gaillard : les Gaillard père et les Gaillard fils, tous venus au monde, coiffés... du bonnet rouge de 93.

Entrepreneur de révolutions dans les prix doux avant d'être directeur général des barricades, Gaillard père était né cordonnier ; il devint orateur.

Non point orateur à la façon de Mirabeau, de Danton ou même de Jules Favre, mais braillard de l'école des Hébert, des Chaumette et des Blanqui.

Pilier de clubs, organisateur de réunions publiques, vulgarisateur de propositions incendiaires, il fit le tourment des derniers préfets de police de l'Empire, qui, dans chaque émeute, découvraient un Gaillard, et fut la bête noire des magistrats par ses trop fréquentes apparitions dans les salons de la police correctionnelle.

Phraseur sans idée, narrateur sans suite, ergoteur sans logique, il était la coqueluche des Bellevillois et la terreur des avocats.

Pour ce négociant en cuirs politiques, les sujets les plus habituels de diatribe étaient Dieu et l'empereur.

La rencontre d'un prêtre le faisait bondir et il se pâmait à la vue d'un gendarme.

Dans un club où l'on discutait un jour l'opportunité de ces monuments artistiques que faisait élever le baron Haussmann, Gaillard père était d'avis que l'art de la bâtisse était inutile.

—Et de Notre-Dame de Paris, qu'en ferez-vous, lui dit-on ?

— Je la raserai, s'écria-t-il, car tant qu'il restera debout une pierre de nos églises, un prêtre poussera derrière.

Recommandé à la haute clairvoyance de la Commune, par cette fureur de remuer des moellons, Gaillard père en obtint le titre de directeur général des barricades avec le commandement spécial d'un bataillon de barricadiers.

Pour faire les choses en grand seigneur, ce successeur de Rochefort et du cardinal de Retz fit promettre par la voie d'affiches blanches (grande témérité !) une haute paye (plus grande audace encore !) à tous les paveurs en chambre, pêcheurs à la ligne et moucheurs de chandelles sans ressources.

Promesse imprudente que le délégué à la Guerre ne voulut point ratifier ; ce qui naturellement arrêta les travaux et fit tomber Gaillard père dans une sorte de disgrâce.

De là au soupçon de trahison, il n'y avait qu'un pas.

L'ex-directeur des barricades, obligé de se cacher, courut chez un ancien ami qu'il avait cessé de fréquenter à cause de ses tendances cléricales.

Celui-ci le reçut affectueusement, mais avec un certain embarras, s'excusant de n'avoir à lui offrir qu'une chambre à deux lits, dont l'un était déjà occupé par un ami.

A la première heure du jour, grand fracas dans cette maison ordinairement si paisible.

L'hôte accourt: il voit Gaillard père drapé dans une soutane, qui gesticule et s'escrime contre un vieillard, dont le crâne tonsuré indique l'état ecclésiastique.

— Frocard! jésuite! voleur! disait-il. Qu'as-tu fait de mon paletot? Rends-moi mon paletot que tu souilles! Un paletot de républicain et un orléans!

— Mais, monsieur, reprenait l'autre, je l'ai trouvé sur mon lit, votre paletot, et à défaut de ma soutane que vous déteniez, j'ai bien été forcé de m'en vêtir.

— Tiens! la voilà ta robe de Judas, calottin.

En ce moment, l'ami, spectateur muet, intervint.

— Monsieur est mon hôte au même titre que vous, Gaillard, lui dit-il, il est persécuté, malheureux et honnête homme ; veuillez lui faire des excuses, ou séparons-nous immédiatement.

—Des excuses! un républicain à une robe noire! jamais! j'aime mieux marcher à la mort.

Et de ce pas, il se rendit à la Commune qui était en séance, et où il espéra retrouver sa popularité en demandant la mort d'un nommé Jésus-Christ.

On raconte que, saisi aux barricades et emmené par les gendarmes au camp de Satory, il voulut faire un discours révolutionnaire à ses gardiens, qui lui fermèrent la bouche d'un coup de baïonnette dans le ventre.

DUVAL

De même qu'il y a à la foire plus d'un âne répondant au nom de Martin, il y eut à l'Hôtel de Ville plus d'un communeux répondant au nom de Duval.

Le premier, élu général en chef des fédérés dès le 22 janvier par le Comité central, fut fusillé au Petit-Bicêtre, le 2 avril suivant.

Un autre fut préfet de police au début de la Commune.

Celui-là est un *internationeux* connu sous le nom d'Emile Duval, fondeur en fer, âgé de trente et un ans, qui égaya la dernière séance du procès de l'Internationale par ses protestations, — ce qui lui valut la faveur de n'être condamné qu'à deux mois de prison.

FLOURENS

Le jour où Flourens tomba frappé par ceux qu'il appelait ses ennemis, les républicains s'écrièrent :

— Tant mieux !

Gustave Flourens était devenu, en effet, dans les derniers temps surtout, un homme dangereux pour le parti libéral.

Son tempérament trop ardent faillit plus d'une fois compromettre la cause de la liberté, et l'on se souvient encore qu'il poussa si loin l'amour de la révolution, que Rochefort, qui n'était point pourtant un modéré, dut rompre avec lui, lors de l'enterrement de Victor Noir, une amitié de vieille date.

Ceux qui furent ses amis disent aujourd'hui :

— C'était un fou.

C'était un fou, en effet, mais un fou dangereux.

Je me souviens encore qu'un jour de 1869, je tombai

sur le boulevard, au coin de la rue Montmartre, dans les bras de Gustave Flourens qui m'embrassa paternellement.

Lorsque je revins de ma surprise, Flourens avait disparu, et ce fut en vain que je le cherchai pour répondre par une poignée de main à sa violente manifestation d'amitié.

Gustave Flourens était né à Paris le 4 août 1838.

Fils de M. Flourens, secrétaire perpétuel de l'académie des sciences et professeur au Collége de France, Gustave fit au lycée Louis-le-Grand d'excellents études qui lui permirent de suppléer son père en 1863.

Sa leçon d'ouverture sur *l'Histoire de l'homme, corps organisé*, qu'il publia plus tard, lui valut l'attention du monde savant.

En 1864, Flourens, qui croyait ne plus jamais quitter la chaire du Collége de France, dut la rendre à son père, et l'on assure que c'est à cause de cela qu'il se voua au parti pour lequel il a versé son sang.

Ce qu'il y de certain, c'est que, compromis par des publications politiques, il dut quitter la France et se rendit en Crète, où il prit une part très-active au soulèvement des candiotes contre la Turquie.

De retour en France quatre ans plus tard, Flourens participa au mouvement électoral et appuya dans les réunions publiques les candidatures irréconciliables.

Arrêté pour ce fait, il fut condamné à trois mois de prison, après lesquels il s'occupa des élections de ballottage, et fit triompher la candidature de Rochefort.

Le soir du scrutin de novembre, nous le vîmes dans une sorte de grange du boulevard de Clichy s'écrier, au milieu d'une foule d'individus dont la plupart ont joué un rôle sous la Commune :

— Rochefort est député, à demain la Révolution !

Le 7 février suivant, Flourens, en effet, se mettait à la tête des Bellevillois pour tenter de renverser le gouvernement déchu aujourd'hui.

Poursuivi de nouveau, il se refugia en Angleterre, d'où il adressa aux journaux de Paris quelques articles et lettres dans lesquels il plaisantait agréablement la police qui n'avait pu mettre la main sur lui.

Londres, 28, Panton street,
Haymarket, le 23 mars 1870.

« Mon cher ami,

« Vraiment, la police bonapartiste perd son temps. Un monsieur est venu rôder hier à la porte de l'hôtel que j'habite en ce moment à Londres.

« Il a offert une chope de bière à un garçon de cet hôtel, et lui a promis une pension mensuelle et tant par lettre, si ce jeune homme consentait à lui remettre mes lettres ou, au moins, à lui laisser voir à qui je les adressais.

« Je surveille ce monsieur. J'en surveille également deux autres qui m'ont fait l'honneur de me suivre à quelque distance hier soir. Je les ai fait longuement promener, et enfin je les ai égarés dans le Strand.

« Mais je vais promettre une récompense honnête à qui me les rapportera.

« Et voilà à quoi l'on dépense l'argent français, tandis que les ouvriers, expulsés du Creuzot par Schneider-pacha, meurent de faim avec leurs femmes et leurs enfants!

« Et voilà par quels moyens on prétend échafauder un complot, sans doute un complot genre Boulogne ou genre Strasbourg ; tandis qu'il n'y a dans toute la France qu'un grand et universel complot, ourdi en plein jour par la nation tout entière :

« Celui du mépris et de l'indignation publique.

« Votre

« Gustave FLOURENS. »

Rentré à Paris après le 4 septembre, Flourens fut nommé chef de cinq bataillons de la garde nationale, et commanda sous le titre de major général l'insurrection du 31 octobre.

Le gouvernement provisoire le fit alors arrêter, puis emprisonner à Mazas, d'où il fut délivré le 22 mars, par une bande d'insurgés.

Membre du Comité central et de la Commune le

18 mars, Flourens marcha sur Versailles le 2 avril suivant.

Surpris dans une maison de Versailles par une patrouille à cheval, commandée par M. Desmaret, il tira sur ce capitaine un coup de revolver, et reçut en échange un coup de sabre qui l'étendit raide mort sur le carreau.

Ainsi finit Gustave, qui mourut en soldat, en soldat insurgé, mais non pas en bandit.

Cette mort lui épargna la honte de devenir le chef de la bande des incendiaires.

ALBERT THEISZ

Trente-deux ans, ouvrier ciseleur.

Directeur général des postes sous la Commune.

Le citoyen Theisz est, avec son ami Varlin, l'un des membres les plus actifs et des plus influents de la Société internationale.

Fondateur d'un atelier situé dans le 8ᵉ arrondissement, il fut compris au nombre des accusés du troisième procès de cette association et condamné le 5 juillet 1870 à deux mois de prison.

Le 18 du même mois il comparut devant la haute-cour de justice, siégeant à Blois, sous l'accusation de complot contre l'État.

Élu membre de la Commune, puis délégué à la direction générale des postes, on sait que le citoyen Theisz préserva de l'incendie l'hôtel de la rue Jean-Jacques-Rousseau, et qu'il doit avoir, à l'heure présente, reçu en récompense un

-laisser-passer du gouvernement qui lui permettra de quitter la France.

Lors de la formation du Comité central, le citoyen Theisz fut nommé vice-président du comité.

GUSTAVE LEFRANÇAIS

Honnête récompense !

A la personne qui rapportera au cabinet de M. Claude, chef de la police de sûreté, un communeux répondant au nom de Gustave Lefrançais, et dont voici le signalement :

Age : quarante-cinq à cinquante ans.
Taille : petite.
Cheveux : châtain clair.
Teint : cuivré.

Lefrançais, ancien instituteur comme son collègue Urbain, fut nommé le 21 avril délégué à la commission des finances.

Il fit partie plus tard de la Commission exécutive.

LE MOUSSU

Né à Auray (Morbihan), le sieur Le Moussu, fils d'un capitaine de douanes, remplit, du 18 mars au 21 mai 1871, un poste inventé par la Commune et qui consistait à porter aux directeurs des journaux supprimés la notification du décret qui les frappait de mort.

Toutes les feuilles honorables de la presse parisienne reçurent la visite de ce gigantesque personnage, qui avait été autrefois caissier dans une compagnie d'assurance.

VARLIN

Faire la biographie de Varlin, c'est retracer l'histoire de l'Internationale.

Cette association est le chef-d'œuvre de ce compagnon, et nous n'avons pas le droit de lui en retirer la triste paternité.

Actif, intelligent, habile, Louis-Eugène Varlin, alors qu'il n'était que simple ouvrier relieur, avait déjà bâti, sur quelques données fort incomplètes d'économie politique, un système de socialisme qui se rapprochait beaucoup des statuts de l'Internationale.

Dès 1862, époque à laquelle remonte l'idée de cette Société attribuée à un groupe des délégations ouvrières réunies pour l'Exposition de Londres, Varlin avait formulé le credo social dans lequel il finit par s'incarner.

Par les travaux qu'il entreprit dans le but d'organiser cette association, par l'impulsion qu'il donna à la branche française, pour les résultats qu'il obtint en si peu d'années, l'ouvrier relieur mérite qu'on dise de lui qu'il sanctifia vraiment de ses peines, de ses sueurs et de ses efforts, l'œuvre qui, deux ans après sa création, comptait déjà cent soixante mille adhérents.

Il serait peut-être téméraire d'en fixer le chiffre en 1871, après le cataclysme dans lequel cette association voulait enterrer la France ; mais leur nombre serait infini, si l'on s'en rapportait aux menaces prophétiques d'un membre qui, en 1868, s'écriait :

« Songez qu'il y a un monde nouveau qui se lève, le monde du travail. Pour vous en convaincre, prêtez l'oreille. Et les échos de Charleroi, de Bologne et de Genève vous fourniront d'irréfutables arguments. »

C'est pour donner un corps à ces menaces et pour réaliser l'avénement de ce monde nouveau que Varlin se fit *commissionnaire en grèves* pour tous pays, bien qu'il repoussât en principe (ce sont ses propres paroles) les grèves, comme un moyen barbare et antiéconomique.

A cet effet et en qualité de secrétaire de l'Internationale pour la section française, il se rendit au Congrès de Bruxelles en 1863, pour préparer, d'accord avec les chefs étrangers, l'organisation de la société future, qui ne fut définitivement constituée que le 28 septembre 1864.

Ce jour-là, un grand meeting, provoqué par les ouvriers anglais pour recevoir les députations des divers pays adhérant à la fédération, eut lieu à Saint-Martin's-Hall, à Londres.

Varlin, à la tête des délégués français, soumit au Conseil le projet d'organisation qui fut adopté sur l'heure, projet destiné à établir un lien de solidarité entre les ouvriers du monde entier.

Le but apparent de cette nouvelle franc-maçonnerie était l'émancipation matérielle et morale du travailleur.

Ses moyens : l'étude des questions économiques.

Ses résultats : le bonheur complet sur la terre.

Nous avons vu, hélas ! ce qu'il y ayait au fond de ces déclarations solennelles de justice, de travail et de liberté, qui se manifestèrent par la négation la plus absolue de ces conditions premières de la civilisation !

Mais, pour arriver à constituer en toute sécurité l'association formidable qu'on voulait et accomplir les forfaits que l'on méditait dans l'ombre, il fallait rassurer les gouvernements et les gens timides, en leur donnant le change sur le sens de cette propagande subversive.

L'esprit qui avait conçu le plan de cette société avait tout prévu, pourvu à tout, et eut, pendant plusieurs années, loisir et facilité de s'attirer de nombreux adeptes.

Le gouvernement français, lui-même, était favorable à ce mouvement.

Car l'Empereur disait à l'ouverture de la session de 1865 :

« J'ai tenu à détruire tous les obstacles qui s'opposaient

à la création de sociétés destinées à améliorer les conditions des classes ouvrières. En permettant l'établissement de ces Sociétés, nous facilitons cette expérience. »

Fatale expérience, dont les suites furent mille fois plus effroyables que la capitulation de Sedan !

Tandis que Tolain, Malon, Murat, cette trinité de l'église internationale française dont Varlin était l'âme, organisaient méthodiquement les diverses sections de la société à Paris, le secrétaire parcourait les provinces, semant dans les centres ouvriers le germe de ses idées et y posant la base de sa popularité.

Aussi, en 1866, il assistait au congrès de Genève comme délégué des ouvriers français et prenait la plus grande part à la rédaction définitive du pacte fondamental de la société.

Préparant le public par des publications presque hebdomadaires où sans cesse revenaient ces mots : « Pas de devoirs sans droits, pas de droits sans devoirs, » l'Internationale, dans le but de compter ses adeptes et d'essayer leur forces, envoyait dans les grands centres industriels des courtiers en grèves et les appuyait de secours en argent.

Varlin, nous l'avons dit, était un de ces plus infatigables commis-voyageurs qu'on voit sans cesse aller de Lyon à Marseille, du Creuzot à Lille, de Rouen à Genève.

Pour cette seule ville, il recueillit plus de 10,000 francs à Paris, après qu'il eût fait paraître dans le *Courrier fran-*

çais un appel aux sentiments de solidarité des travailleurs en faveur de leurs frères genevois.

Ces encouragements donnés ainsi publiquement à la révolte et au désordre dessillèrent enfin les yeux du gouvernement, qui traduisit devant les tribunaux les membres de la commission pour délit de société non autorisée.

Varlin, chargé de défendre ses coaccusés, s'en acquitta fort habilement, ce qui ne l'empêcha pas de s'entendre condamner, ainsi que tous les autres membres de la seconde commission, à trois mois de prison et 100 francs d'amende (22 mai 1868).

Cette condamnation, qui avait ralenti le zèle des adhérents, loin de refroidir celui de Varlin, ne fit que l'enflammer d'une nouvelle ardeur.

Il se remit à l'œuvre apostolique avec la patience de l'insecte qui s'attaque au chêne dix mille fois plus gros que lui et qui finit par l'abattre.

Presque seul pour correspondre avec les sections de toutes les villes de France et avec le Comité central de Londres, l'ex-ouvrier relieur, avec cette autorité intelligente dont il avait donné tant de preuves, renoua un à un tous les fils de cette vaste trame qui menaçait de s'échapper faute d'un point médial.

Grâce à lui, l'Internationale, si faible un moment qu'on la crut morte, se reprit à la vie et peupla bientôt le pays tout entier de sections plus nombreuses qu'auparavant, surtout plus remuantes, plus affirmatives dans leurs idées, plus menaçantes dans leur revendications.

Vers 1869, par un procès à grand orchestre, le gouvernement crut étouffer les clameurs des grévistes et avoir arraché le mal dans son germe en faisant condamner par contumace, à un an de prison et 100 francs d'amende, le grand chef Varlin, qui passa en Angleterre (5 juillet 1870).

Deux mois après, quand la révolution du 4 septembre eut rouvert les portes de l'exil à ce dernier, il s'empressa de revenir occuper sa place de secrétaire de l'Internationale à Paris.

Il rapportait d'Angleterre un plan qu'il essaya de faire passer le 31 octobre ; mais les bourgeois étaient encore trop nombreux, et son projet échoua, en dépit des nombreuses torpilles de picrate destinées à faire sauter l'Hôtel de Ville et qu'il avait distribuées à des agents trop peu sûrs.

Pareil échec au 22 janvier.

Enfin ! à moi la belle ! s'écria-t-il au 18 mars, en s'emparant du ministère des finances, après le succès d'une émeute qu'il avait soignée avec toute la tendresse d'un joueur décavé qui surveille une martingale infaillible.

Son empressement à s'emparer du Trésor produisit une fâcheuse impression parmi les siens.

Mais il avait toujours aimé à brasser les chiffres et à manier l'argent.

On se rappela que, lors de son procès en 1868, il avait caché ses livres et refusé au président de les lui montrer.

Il n'en fallut pas davantage pour qu'on en inférât que Varlin avait abusé des dépôts d'argent qui lui étaient confiés pour les secours à donner aux grévistes.

Mais il n'y avait plus à revenir sur le choix des électeurs qui lui avaient donné plus de neuf mille voix dans le 10e arrondissement.

Il y eut un autre sujet de mécontentement à son égard.

Quelles que fussent son intelligence et son activité, il ne put jamais parvenir à mettre d'accord le passif et l'actif du grand livre de la Commune.

En vain tous les délégués venaient se pendre les uns après les autres à la sonnette de sa caisse en demandant de l'argent.

— De l'argent! de l'argent! répétait Harpagon-Varlin, vous n'avez que ce mot à la bouche.

— Mais il nous en faut pour :

L'instruction,
La guerre,
La garde nationale.

— Peuh! les habiles gens qui veulent faire quelque

chose avec de l'argent! La réaction n'agissait pas autrement. Le mérite des agents de la Commune doit être de faire beaucoup avec rien.

Appréciant peu cette réminiscence de Molière qu'elle ne connaissait pas, la Commune donna les finances à Jourde; et Varlin passa aux subsistances.

Mais là il ne régna pas longtemps.

Arrêté le 5 mai dans un café de la rue des Martyrs, il fut conduit par quatre hommes et un caporal, rue des Rosiers, et fusillé à l'endroit même où, deux mois et demi avant, il avait fait massacrer les généraux Lecomte et Clément Thomas.

Sa mort a fait deux nouveaux orphelins.

LISBONNE

Colonel de par la volonté du Comité central,

Lisbonne fut autrefois employé au Comptoir d'escompte, qu'il dut quitter pour comparaître devant la police correctionnelle, lors de l'emprunt mexicain, comme prévenu d'un détournement de 1,000 francs.

Après avoir subi sa peine, Lisbonne joua les *Compères* dans les revues des Délassements-Comiques.

Voilà tout ce que nous avons pu recueillir sur les antécédants militaires de ce colonel communeux.

PIOT et ABADIE

Tous les deux entrepreneurs.

Abadie se chargea de la démolition de la colonne Vendôme au prix de 35,000 francs, avec dédit de 500 francs par jour, à partir du 4 mai, ce qui réduisit de 6,000 francs le montant de la somme à payer à ce monsieur.

Piot est cet entrepreneur qui se rendit acquéreur des matériaux de l'hôtel de M. Thiers démoli sous la présidence du délégué aux domaines, le citoyen Jules Fontaine.

FÉLIX PYAT

Félix Pyat n'est pas un homme, c'est un cerf.

La course a toujours été le seul système révolutionnaire qu'il ait mené à bonne fin.

Mettre les autres en danger paraît son but; s'échapper au bon moment, sa spécialité.

Mauvaise figure, mauvais esprit, mauvais cœurs, tout est noir, corrompu, vicié chez cet éternel insurgé.

Et s'il n'a pas commencé sa vie de révolte dès le berceau, c'est qu'il avait reconnu qu'il ne pouvait fuir alors.

Ni les événements, ni l'âge, ni la réflexion n'ont amendé cette nature haineuse qui combat et maudit toujours.

Colporteur d'idées fausses, voyageur en opinions vénéneuses, il est obligé de fuir sans cesse devant les ruines qu'il amoncelle, les cadavres qu'il entasse, les douleurs qu'il soulève.

Juif-Errant sans promesse de rédemption, il marche, marche, marche, pour échapper à la vengeance des lois qu'il bafoue.

Proscrit sans amis, exilé sans foyer, il recule par ses propres efforts et de propos délibéré le temps de sa peine, les limites de son voyage.

Il ira ainsi jusqu'au gouffre où il disparaîtra au milieu des malédictions de ceux qu'il a prétendu défendre, plus encore de ceux qu'il a voulu combattre.

Né le 4 août 1810 à Vierzon (Cher), Félix Pyat vint à Paris pour y étudier un droit fantaisiste panaché de réunions publiques et de politique.

Cette dernière lui fit prendre en dégoût Pothier et Cujas, et, contre la volonté de son père, il entra bientôt après dans le journalisme, où quelques excentricités patriotiques lui valurent un bon accueil.

Les premières feuilles où il épancha son fiel furent le *Figaro*, le *Charivari*, la *Revue de Paris* et le *National*.

Mais sa collaboration à ces journaux ne l'empêchait pas de poursuivre une autre manière de frapper plus directement sur l'esprit des masses.

Il y arriva par le théâtre, où son premier drame, intitulé *Révolution d'autrefois*, eut la bonne fortune d'être interdite après la première représentation, à cause des allusions politiques dont il était gonflé, plus encore que de talent et de style.

Les Deux serruriers et *le Chiffonnier* mirent le sceau à sa réputation dramatique, sans rien ajouter à sa renommée littéraire.

En 1848, Pyat commissaire général, puis député du Cher, où il a laissé les plus tristes souvenirs, se lança dans le mouvement qui entraînait une partie des démocrates vers le socialisme.

Signataire de l'appel aux armes de Ledru-Rollin, il dut, à la suite des événements de juin, se réfugier en Angleterre.

Immédiatement après l'amnistie du 15 août 1869, il rentre en France, d'où ses articles violents contre l'Empire le forcent de sortir de nouveau.

A la nouvelle de la révolution du 4 septembre, il traverse aussitôt la Manche.

Sur le navire qui le transporte, il aperçoit l'ancienne désignation de Messageries Impériales qu'on n'avait pas eu le temps ou pris la peine d'effacer.

— Qu'est-ce cela? fit-il sévèrement, en désignant au capitaine « l'adjectif odieux; » faites-moi enlever ça vivement.

Heureusement le capitaine était un vieux loup de mer que les sombres regards de M. Pyat ne troublaient pas.

— Ah ça! qu'est-ce que ça vous fait? lui dit-il, et de quoi vous mêlez-vous?

— Mais, pour me parler ainsi, vous ne savez sans doute pas à qui vous avez affaire? Je suis Félix Pyat.

Le capitaine parut chercher quelque chose qui lui échappait.

— Pyat, soit! répondit-il. Mais sachez que je suis maître sur mon navire, et que si vous faites le méchant, je vous envoie passer la traversée à fond de cale.

Le terrible révolutionnaire, qui a le courage d'un lièvre, se le tint pour dit et ne souffla mot.

A son arrivée à Paris, il déchargea sa colère contre les hommes du 4 septembre, tant et si bien que, lassés à la fin, ceux-ci finirent par suspendre le journal du citoyen Pyat, *le Combat*.

Pour se venger, ce dernier collabora aux insurrections du 31 octobre, du 22 janvier, et atteignit ainsi l'époque des élections à l'Assemblée, où il fut élu; mais il n'y siégea pas longtemps. La Commune l'appelait, il donna sa démission de député.

Spéculant sur l'autorité qu'il possédait dans cette nouvelle assemblée, Pyat, qui n'avait jamais eu assez d'invectives haineuses, d'apostrophes violentes contre la suppression des journaux, obtint, dans un intérêt de boutique, la confiscation de toutes les feuilles, celles de ses complices exceptées, à son grand regret, qui paraissaient faire obstacle à la vente de ses élucubrations politiques, le *Vengeur* et la *Commune*.

Mais les marchands de ces journaux avaient beau crier :

— « Achetez la *Commune*, instruisez-vous sur elle, elle est bonne fille, n'ayez pas peur ! »

La *Commune*, frappée de discrédit, ne rapportait rien à son auteur.

C'est alors qu'il résolut à frapper le coup de tam-tam de la fin ; et, dans un article à grand orchestre, il déclara qu'il fallait vaincre ou mourir.

Beaucoup ont succombé qui croyaient à la sincérité de cette déclaration ;

Mais lui, Pyat, n'a pas vaincu, et il n'est pas mort davantage.

A l'heure du danger, il a disparu dans une trappe ; et quand on vint pour l'arrêter, on ne trouva plus à son domicile que son écharpe rouge, comme ces diables envolés subitement et dont la présence se révèle seulement par une odeur de soufre.

Étrange dérision du sort qui a laissé frapper tant de milliers d'hommes entraînés à la révolte et à la mort par les doctrines, les conseils et les actes d'un chef qui, seul de tous les coupables, parvient à échapper au châtiment!

Profondément vraie était cette parole d'Émile de Girardin à Pyat en 1848 :

« Vous êtes des agitateurs, vous ne serez jamais des réformateurs ! »

SYLVESTRE

Connu sous le nom de l'intendant Sylvestre, titre sous lequel il signa pendant le siége de Paris une grande quantité de bons irréguliers.

Devenu colonel de légion au 18 mars, Sylvestre est chargé par Delescluze de l'exécution des otages.

Il aurait décliné l'honneur d'accomplir cette mission, remplie par l'incendiaire Parent.

L'ex-colonel Sylvestre possède, au Raincy, une petite habitation de plaisance, que nous ne l'engageons pas à habiter avant longtemps.

CHALAIN

— Accusé, vos nom, prénoms et profession.

— Chalain Louis, vingt-cinq ans, tourneur en cuivre.

— Avez-vous déjà subi une condamnation ?

— Oui, monsieur le président, j'ai été condamné à deux mois de prison en 1870 pour avoir fait partie de l'Internationale dont je suis encore, — j'ose le dire, l'un des membres les plus influents. Même que j'ai défendu mes coaccusés dans un long plaidoyer où je laissais déjà entrevoir nos opinions politiques ainsi que vous pouvez en juger par ce passage : « Ce que veut le peuple, c'est d'abord le droit de se gouverner lui-même sans intermédiaire et surtout sans *sauveur* ; c'est la liberté complète. » Si monsieur le président le désire, je puis, du reste, lui donner lecture de mon fameux plaidoyer.

— Merci, ce serait trop long. Pouvez-vous me dire maintenant ce que vous avez fait depuis le 18 mars ?

— Ma foi ! monsieur le président, j'ai fait partie du

Comité central d'abord, de la Commune ensuite, et j'ai voté la destruction de Paris.

— C'est tout ?

— Oui, monsieur le président.

— Très-bien ! Le tribunal vous saura gré de votre franchise. Allez-vous asseoir.

VERMOREL

Esprit froid, tempérament nerveux, âpre au travail, impatient de domination et assez fort pour en être venu à ne compter pour rien les jouissances matérielles dont la puissance sur les appétits de son époque a été si funeste, tel était, au moral, le journaliste Vermorel, appelé par la Commune, le 21 avril, à la délégation de la sûreté générale.

Au physique, rien de l'Antinoüs. Une tête ronde, à face pâle et écrasée, sur un corps long et osseux ; des membres aux mouvements heurtés. Une physionomie peu sympathique, mais sur laquelle l'intelligence pétillait. Le front encadré de longs cheveux plats se profilait net. La malice de ses petits yeux mordait sous ses lunettes inamovibles et semblait guetter le sarcasme et l'effronterie, toujours prêts à éclater au coin de ses lèvres minces dessinant une bouche largement fendue.

Un extérieur de séminariste révolté, sans grâce, mais jaloux de propreté méticuleuse.

Sobre comme un anachorète, vivant monastiquement dans une chambrette reléguée dans une impasse des Batignolles, Vermorel se couchait tard, se levait tôt, dormait peu, comme toutes les natures nerveuses, et travaillait quatorze et seize heures par jour. Il allait fiévreusement au succès. Il se sentait *quelque chose-là* et il voulait devenir quelqu'un.

Il tenait du Robespierre, moins la solennité. Il avait la parole facile, nette, incisive, avec un léger zézaiement ; le style vif, mordant et hardi à outrance.

Son éducation avait été précoce. Dès l'âge de quinze ans et demi, Vermorel était reçu bachelier avec dispenses. Sa jeune ambition rêvait déjà un grand théâtre, Paris. Il quitta le village paternel, Denicé, dans le département du Rhône, où il était né le 21 juin 1841, et vint se loger dans le quartier des Écoles. Il essaya d'abord du roman, publia un petit livre : *Ces Dames chez Bullier*, œuvre d'étudiant que la pruderie des prudhommes biographes a bien souvent depuis reproché à sa jeunesse, et un volume intitulé : *Desperanza*.

Là il n'était pas dans sa voie. Il s'aperçoit bien vite qu'il s'est fourvoyé, que son tempérament littéraire n'est pas à l'aise dans ces productions de l'intelligence sentimentale.

La polémique le réclamait. Il se lance dans le journalisme et, nécessairement, son tempérament étant donné, dans le journalisme d'opposition. Il attaque sournoisement l'empire dans les feuilles littéraires : la *Jeune France* et la *Jeunesse*. Il n'a que vingt ans, et les juges de Napoléon III veulent lui donner une leçon de prudence en supprimant ses journaux et en lui infligeant trois mois de prison.

Doué, comme dirait un phalanstérien, d'un instinct de combustibilité indomptable, Vermorel n'en revient que plus acharné à la charge. En 1864, il entre à la *Presse*, passe à la *Liberté* en 1866, et enfin, arrive, après deux ans de stage, à fonder *son* journal le *Courrier français*, dont on se rappellera longtemps les hardiesses politiques et sociales en même temps que les scandales biographiques. Fondé sur le principe d'association, le *Courrier francais* succombe sous les amendes et la mauvaise administration venue à la suite de l'emprisonnement du rédacteur en chef.

Après un an presque en entier passé à Sainte-Pélagie, Vermorel prend en main la *Réforme* agonisante et la galvanise. Il la soutient de son diable-au-corps de polémiste jusqu'à la chute de l'Empire.

Entre temps, le journaliste publiait des travaux politiques, tels que *Mirabeau, sa vie, ses opinions et ses discours*; collaborait aux revues. Il fallait bien solder le déficit qu'avaient fait à sa petite fortune les malheurs du *Courrier français*.

Pendant le siége de Paris, Vermorel, était simple garde national à l'allure peu militaire. Il parlait souvent dans les clubs, où on l'a vu défendre Rochefort, auquel il aurait pu garder rancune de certaines accusations lancées à la tribune du Corps législatif.

Comme homme politique en action, Vermorel l'a montré dans les deux mois du règne de la Commune.

Membre de ce gouvernement révolutionnaire, il a fait partie successivement de la Commission de justice et du Comité de sûreté générale.

Quand la déroute des troupes communeuses eut paru imminente, Vermorel a été un des rares hommes du 18 mars qui aient eu le courage de marcher aux barricades. Il était à celle du Château-d'Eau, où a été tué Delescluze et où lui-même a reçu un éclat d'obus à la cuisse et a été atteint d'une balle. Il a été arrêté dans son lit de blessé et transporté à Versailles où l'attend le jugement des cours martiales.

L'ambition avait jeté Vermorel dans ce triste gouvernement de la Commune, où sa supériorité intellectuelle devait assurément être impatiente et souffrir avec peine l'égalité politique des médiocrités bêtes et méchantes qui l'entouraient.

SÉRALLIER

Élu membre de la Commune par 2,941 électeurs du 2ᵉ arrondissement, Sérallier fait partie de l'Internationale, dont il fut nommé secrétaire provisoire à Londres, au commencement de 1870.

Délégué à la Commission de travail et d'échange, il promettait déjà le 9 février de l'année dernière son concours à la révolution accomplie le 18 mars.

« A bientôt, ma vieille, écrivait-il alors à son ami Johanard le facétieux, et s'il ne manque que moi pour faire la révolution, vous pouvez compter qu'elle ne manquera pas.

« A. SÉRALLIER. »

Au début de la Commune, ce fut Sérallier qui alla chercher au siège principal de l'association, à Londres, une somme assez considérable dont le Comité central avait besoin pour la solde des gardes nationaux.

Lors de l'entrée des troupes dans Paris, ce triste sire a été fusillé place des Petits-Pères.

— A la place des Petits-Pères, dirait Rochefort, s'il n'était pas communeux, je ne me consolerai jamais d'avoir prêté mon sol à cet insurgé.

JULES MIOT

Le pharmacien Jules Miot dont les séances de la Commune ont dévoilé la nature sanguinaire, appartient à cette classe d'individus dont le domicile habituel est à Sainte-Pélagie.

Etabli dans le quartier des Invalides, ce vieillard à longue barbe blanche a longtemps excité la terreur de ses voisins, qui ne prenaient chez lui que des médicaments pour l'usage externe.

Devenu membre de la Commune, ce fut Miot qui, le premier, proposa l'organisation du Comité de salut public.

Dans un discours fameux qu'il prononça quelques jours après la chute de la colonne Vendôme, Miot s'écria :

— Après les monuments, il faut que les têtes tombent.

Bien des têtes sont tombées en effet....

On dit même que la sienne est au nombre de celles-là.

DELESCLUZE

Hôte familier des prisons, bagnes et maisons cellulaires, Louis-Charles Delescluze est né à Dreux l'an 1809, le 2 octobre.

Chassé par sa famille à cause de son inconduite, il vint à Paris, où il entra comme saute-ruisseau chez un avoué.

Au bout de quelques mois, M° de N... dut renvoyer son petit clerc à la suite d'une certaine... indélicatesse commise par celui-ci.

Delescluze fréquenta alors les bas-fonds de la politique et fut arrêté pour ce fait en 1834, à la suite des journées d'avril.

Impliqué l'année suivante dans un complot contre la sûreté de l'État, Delescluze dut se réfugier en Belgique, où il rédigea pendant quelque temps le *Courrier de Charleroi*.

En 1841, le tribunal de Valenciennes le condamna à deux mois d'emprisonnement et 2,000 francs d'amende pour compte rendu infidèle inséré dans l'*Impartial du Nord*, dont il était rédacteur en chef.

Plus tard, on le vit attablé au banquet des réformistes de Lille, puis commissaire général des départements du Nord et du Pas-de-Calais, après février 1848.

Ami intime de Ledru-Rollin, Ch. Delescluze donna sa démission le lendemain de l'émeute du 15 mai, pour fonder peu après, à Paris, cette fois, *la Révolution démocratique et sociale.*

Cette feuille lui valut quinze mois de prison et 20,000 fr. d'amende.

Traduit devant la haute cour de justice, siégeant à Versailles, Delescluze fut condamné par contumace, le 13 juin 1849, à la déportation.

Il passa alors en Angleterre jusqu'en 1853, et rentra en France pour y habiter Mazas en octobre de la même année.

Le 4 mars 1854, le gouvernement l'envoya à Belle-Isle, avec un bail renouvelable de quatre années.

Depuis cette époque jusqu'au 1er septembre 1858, Delescluze erra mélancoliquement de bagne en bagne traînant le boulet de Corte à Ajaccio, d'Ajaccio à Toulon, de Toulon à Brest et de Brest à Cayenne.

L'amnistie de 1859 lui permit de rentrer en France, où il écoula un peu de sa bile dans les journaux de l'opposition.

Enfin, au mois de juillet 1868, il fonda le *Réveil* —

organe hebdomadaire de la démocratie — qui lui valut en une année seulement :

Pour le premier article : trois mois de prison et 5,000 fr. d'amende ;

Pour « manœuvres à l'intérieur : » six mois de prison et 50 francs d'amende ;

Pour souscription à l'effet d'élever un monument à Baudin : six mois de prison et 2,000 francs d'amende.

On voit par cette nomenclature que Ch. Delescluze, passa dans les prisons, bagnes et forteresses environ neuf années et sept mois de sa vie, n'ayant pour société que des bandits, voleurs et assassins, dont il fut souvent compagnon de chaîne.

Moins la chaîne, du reste, sa société fut toujours à peu près la même.

Au mois de février de cette année, Delescluze, que ses frères et amis en politique appellent le *père Delescluze* ou le *gâteux de la démocratie*, se présenta aux élections dans le département de la Seine.

Il fut élu par un grand nombre d'électeurs, siégea quelque temps à l'Assemblée de Bordeaux, puis envoya sa démission de représentant du peuple pour faire partie de la Commune, dont il fut l'un des membres les plus actifs et les plus terribles.

Délégué au ministère de la guerre après la prétendue fuite

de Rossel, il disait, dans la séance du 20 mai, à propos du projet d'incendie :

— S'il faut mourir, on fera à la liberté des funérailles dignes d'elles !

C'est lui aussi qui, le 20 mai, après l'entrée de l'armée dans Paris, adressait au nommé Jacquet cette épouvantable dépêche :

COMMUNE DE PARIS

Etat-major de la place.

« Le citoyen Jacquet est autorisé à requérir tous les citoyens et tous les objets qui lui seront utiles pour la construction des barricades de la rue du Château-d'Eau et de la rue Albouy.

« Le vin seul et l'eau-de-vie sont et demeurent exceptés.

« Les citoyens et citoyennes qui refuseront leur concours seront immédiatement passés par les armes.

« Les citoyens, chefs de barricades, sont chargés d'assurer la sécurité des quartiers.

« Ils doivent faire visiter les maisons suspectes, faire partout ouvrir les portes et les fenêtres durant la durée des perquisitions.

« Toutes les persiennes doivent être ouvertes, toutes les fenêtres fermées.

« Les soupiraux des caves doivent être surveillés avec un soin particulier.

« Les lumières doivent être éteintes dans les quartiers attaqués.

« Les maisons suspectes seront incendiées au premier signal.

« Delescluze.

« *Le chef de légion du 10ᵉ arrondissement,*

« Brunel. »

Nous n'avons plus qu'un mot à dire, mais celui-là est en faveur du vieux révolutionnaire :

Il dut mourir sur les barricades.

CHARDON

Sorte d'agent de vilaines affaires.

Avant de gouverner Paris, il avait été poêlier, plombier, fumiste, sans être ouvrier toutefois.

C'est un beau parleur, chez qui la manie de l'interrogatoire est à la hauteur de son amour pour la pipe.

Quand il n'interroge pas, Chardon fume.

Quand il ne fume pas, il interroge.

Il lui est même arrivé de faire les deux choses à la fois.

MÉGY

Edmond Mégy, le fameux gouverneur du fort d'Issy, a débuté dans la carrière politique par l'assassinat de l'agent Mourot, le 11 avril 1870.

Né à Paris en 1844, il appartenait à une honorable famille d'ouvriers, et travailla longtemps avec son père à l'usine Gouin, comme ouvrier mécanicien.

De mauvaises fréquentations l'entraînèrent dans les clubs et réunions électorales de 1869, où ses penchants révolutionnaires prirent un rapide développement.

Vivant avec les membres de l'Internationale, il abandonna le marteau pour prendre la plume, et l'on a de lui plusieurs manifestes, proclamations, chants révolutionnaires, etc.

Voici, du reste, un échantillon des poésies du citoyen Mégy:

AUX BARRICADES

Hymne révolutionnaire.

Refrain.

Aux barricades, feu ! Levons-nous, prolétaires,
L'éclatant drapeau rouge enflammera nos cœurs.
Qu'on les détruise tous, bourgeois, propriétaires,
Car il faut qu'à tout prix nous en soyons vainqueurs.

Le 10 messidor an 77 (ère républicaine).

EDMOND MÉGY.

Cet appel aux armes, joint à certains propos malsonnants, valurent à son auteur le privilége d'être compris parmi les accusés de complot contre la vie de l'empereur et la sûreté de l'État.

C'est lorsqu'on vint s'emparer de lui pour ce fait, que Mégy, l'on s'en souvient, tira sur le commissaire de police chargé de l'arrêter un coup de revolver dont la balle tua raide l'agent Mourot.

Condamné à mort pour assassinat, Edmond Mégy fut délivré le 4 septembre et nommé commandant d'un bataillon de garde nationale dans le XVIIe arrondissement.

Sa nature sanguinaire autant qu'ambitieuse le fit marcher contre l'Hôtel de Ville au 31 octobre et au 22 janvier.

Devenu membre de la Commune le 18 mars, cet assassin incendia l'hôtel de la Cour des comptes et la Légion d'honneur le mardi 23 mai 1871.

A. ROGEARD

M. Rogeard, l'un des hommes les plus honnêtes que la Commune compta un instant parmi ses membres.

Elu par 2,292 électeurs du XVI° arrondissement à la majorité de faveur, il envoya sa démission au président de la Commune par la lettre très-digne que nous reproduisons :

« Citoyen président,

« La mesure qui modifie la loi de 1849, pour valider les élections du 16 avril, ayant, à mes yeux, au moins le double tort d'être tardive et rétroactive, j'ai l'honneur de vous informer que je n'accepte pas, en ce qui me concerne, la validation extra légale résolue par la Commune, et que je considère comme nulle et non-avenue ma prétendue élection dans le XVI° arrondissement.

« Salut et fraternité.

« A. ROGEARD. »

Le citoyen Rogeard est un homme de quarante-neuf ans.

Elève de l'École normale en 1841, il exerça le professorat dans nombre de lycées jusqu'au 2 décembre, époque à laquelle il refusa de prêter le serment de fidélité à l'empereur.

Exilé volontaire, il publia *les Propos de Labiénus* et les *Mots de César*.

Le premier de ces ouvrages obtint un très-grand succès.

Rentré en France lors de l'amnistie de 1859, il publia dans les journaux démocratiques de remarquables articles.

M. Rogeard est l'auteur d'une traduction, encore inédite croyons-nous, de la *Vie de César* par Sinclaire, philosophe allemand.

AVRIAL

Ouvrier mécanicien. — Trente et un ans.

Auguste Avrial, membre de l'Internationale depuis 1869, a été condamné pour ce fait, le 5 juillet 1870, à deux mois de prison et 25 francs d'amende.

Le 18 du même mois, il comparaissait devant la haute cour de Blois sous l'inculpation de complot contre la vie de l'empereur.

Lorsque la Société Internationale prit le gouvernement de Paris sous les noms inscrits dans ce volume, Avrial fut délégué le 21 avril à la commission de la guerre, où il passa, du reste, fort inaperçu.

Le citoyen Avrial jouit d'une petite fortune qui l'a mis à même de propager les idées aussi honnêtement qu'il est possible de propager de semblables idées.

PASCHAL GROUSSET

Dans le procès du 19 juin 1868 intenté aux membres de l'Internationale, le citoyen Combault, parlant au nom de ses coaccusés, s'écriait :

« Mes coreligionnaires flétrissent ces loteries scandaleuses dont la Bourse et le turf sont l'ordinaire et immoral théâtre.

« Tandis que des fils de la classe qui se prétend notre supérieure salissent leur nom, avec les Phrynés les plus éhontées, qu'ils vont en voilette aux champs des courses, que leur décrépitude précoce atteste la dégénérescense de toute une classe de la nation, au point qu'il y aura bientôt putréfaction, si toutes ces décadences ne viennent puiser une vie régénératrice dans l'énergique sang populaire, des ouvriers ont voulu tenter l'instauration de l'équité dans les rapports sociaux par la science, la libre étude des questions économiques et l'association indépendante ! »

Après cette véhémente apostrophe aux vices des riches et des heureux, qui n'est que la périphrase de ces mots de Varlin ! « L'Internationale, c'est la lutte sociale entre le peuple et la bourgeoisie, »

Après cette amère satire des vestons courts et des cols immenses, on est tout étonné de rencontrer l'Alcibiade Grousset au milieu de tous ces Diogènes communeux, et l'on se demande sérieusement s'il a renoncé volontiers à la société des dames, aux élégances de la toilette, aux événements de la haute vie pour mener l'existence du travailleur et échanger son habit contre la vareuse de l'ouvrier.

« J'ai voulu honorer le peuple, » répond-il à ses anciens amis, stupéfaits de son linge blanc et de ses bottes fines.

Car toujours correctement habillé du vêtement à la dernière mode, la fleur à la boutonnière, le lorgnon dans l'œil, c'est d'une main finement gantée 6 3/4 que le jeune et beau Paschal consent à effleurer les doigts calleux de ses collègues politiques.

Sa barbe, qu'il a laissé pousser en entier, est le seul sacrifice de vanité qu'il ait cru devoir consommer sur l'autel de la Commune et de ses fonctions aux relations extérieures, en raison du proverbe :

« Du coté de la barbe est la toute-puissance. »

De bonne heure, Grousset s'était préparé à la diplomatie par l'étude.... de la médecine.

Cette façon de devenir diplomate, qui paraît être un affreux paradoxe de conduite, est pourtant, si l'on veut réfléchir, le véritable moyen d'observer avec fruit le cœur humain et ses annexes.

Quel grand analyste était Lavater !

Après l'anatomie des crânes, ce fut la dissection des idées que Grousset entreprit.

Devenu journaliste, il écrivit dans le *Figaro* des articles scientifiques, collabora à l'*Etendard*, et rédigeait des articles de genre à la *Marseillaise*, lorsque survint la provocation du prince Pierre Bonaparte, qui mit en lumière le nom de l'obscur Grousset.

Loin de nous la pensée d'écrire l'histoire tout entière de ce trop fameux procès; nous en détacherons seulement la déclaration de Paschal Grousset devant la haute cour de Tours.

Au cours des innombrables témoignages des témoins cités par la tribune, tout à coup l'émotion des spectateurs fut vivement surexcitée par le nom que venait d'appeler à la barre la voix de Landaret, l'huissier de service. On fit un accueil sympathique à l'entrée de Paschal Grousset, en qui l'on voyait la cause principale du procès.

En cette occasion celui-ci jouait le rôle de la femme pour laquelle on se bat et sous les yeux de laquelle on s'égorge.

Après que le témoin, dont la vue agréable flattait la curiosité des dames, eut répondu d'une voix sonore à la question du président: *Paschal Grousset, vingt-cinq ans, rédacteur de la* Marseillaise, *à Paris*, le juge lui demanda, comme à tous les témoins, s'il n'était ni parent, ni allié de l'accusé.

— Je n'en sais rien, répondit-il, car sa mère a eu tant d'amants que je ne pourrais dire si je ne suis pas son parent.

A ces mots, l'accusé bondit, le président tressauta, le procureur général se leva :

— Si le témoin, dit-il, renouvelait ces paroles odieuses, je serais obligé de lui faire retirer la parole.

— Je sais bien que je suis plutôt un accusé qu'un témoin.

Depuis deux mois je suis au secret, tandis que cet homme n'y est pas, dit-il, en désignant le prince.

— Bornez-vous à déposer des faits que vous connaissez, lui répondit le président.

— Monsieur Bonaparte avait publié dans un journal en Corse, un article dans lequel il insultait de la façon la plus odieuse mes amis politiques. Ce journal appartient à un nommé Rocca, agent de police.

Quand un de mes amis me signala cet article, il m'écrivit :

« Soyez sûr que bientôt il y aura du sang. » Cette lettre, qui m'était arrivée le 8 janvier avec cet article du prince, dans lequel il parlait de mettre au vent *les tripes des démocrates*, me fut volée par les mouchards qui vinrent m'arrêter.

Le 9, je priai Noir et Fonvielle, deux de mes amis, d'aller provoquer Pierre Bonaparte de ma part.

Rochefort fit à mon projet certaine opposition, parce que, disait-il, les rédacteurs de la *Marseillaise* ne doivent pas provoquer, mais se contenter de répondre si on les provoque. Je lui fis remarquer qu'il ne s'agissait pas, dans mon cas, de la *Marseillaise*, mais de la *Revanche de Corse.*

Sur ces entrefaites, Rochefort reçut de M. Pierre Bonaparte une lettre ignoble, à laquelle il répondit par le choix de deux témoins, MM. Arnould et Millière.

Il voulait se battre. Je maintins mon droit de passer le premier et nous partîmes avec Victor Noir, Fonvielle et M. Sauton que nous prîmes en route.

Pendant le trajet, Noir était très-gai et se préoccupait beaucoup de savoir s'il était assez bien mis pour aller chez un prince.

Arrivés rue d'Auteuil, je suis resté en bas avec Sauton, tandis que mes deux amis montaient chez M. Bonaparte.

Tout à coup nous vîmes se dessiner la grande taille de Victor Noir ; il trébucha et tomba. Nous nous approchons. Nous voyons presque aussitôt Fonvielle sortir et crier « A l'assassin ! »

Nous arrivons. Le pauvre Noir était par terre, râlant et tenant à la main son chapeau de gala, chapeau qu'il avait acheté pour se marier.

Nous cherchons des secours, mais j'avais beau crier : Un Bonaparte vient d'assassiner un républicain ! on avait peur... peur ! Oh ! je n'ai jamais aussi bien compris la profonde abjection dans laquelle dix-huit ans de bonapartisme ont plongé la France ! »

Comme on a pu le voir, d'après son récit, Paschal Grousset était doué d'une certaine dose de violence.

La Cour le fit reconduire en prison.

La révolution du 18 mars ouvrit une écluse à ses colères, trop souvent rentrées et que les travaux du journalisme étaient impuissants à endiguer.

Il fit paraître la *Nouvelle République*, feuille éphémère, disparue dès le 24 mars.

Le 2 avril il lui fit succéder l'*Affranchi*, journal des hommes libres, à la rédaction duquel il attacha les frères et amis Vésinier et Olivier Pain.

« A ma situation nouvelle, il faut un nom nouveau, disait-il en tête de son journal. La *Nouvelle République*, née le 18 mars au matin, avec la révolution dont elle a prévu, suivi, redroduit toutes les phases, doit arrêter sa publication au jour de la victoire du peuple, affirmée par la constitution de la Commune. »

Pour tant d'amour, ne soyez pas ingrate ! semblait soupirer chaque article du nouvel affranchi, à la foule des lecteurs qui la dédaignaient.

Cependant capricieuse comme toutes les femmes, la popularité fit de Paschal Grousset un membre de la Commune aux élections d'avril, et bientôt le gouvernement de l'Hôtel de Ville le désigna au ministère des relations extérieures.

Malheureusement, avec les Prussiens qui constituaient leurs seules relations au dehors, il fallait renfermer bien des colères, dévorer bien des affronts, essuyer bien des rebuffades.

Nouvel Ugolin, Paschal Grousset dut plus d'une fois se dévorer les poings !

Mais aussi comme on se dédommageait dans les relations intérieures !

Les otages fusillés surent, avant de mourir, ce que les membres de la Commune avaient amassé de fiel à répandre et de vengeance à assouvir !

Le successeur de Jules Favre aux affaires étrangères était au nombre de ceux qui, réfugiés à la mairie du XI° arrondissement, déjà sûrs du résultat de la lutte, prodiguaient néanmoins encore les bulletins mensongers de victoire :

« Tout va bien, disaient-ils aux imbéciles héroïques qui les gardaient, les Versaillais sont tournés. Dans un instant nous irons rejoindre nos frères aux *Champs-Élysées !* »

Mot à double entente, dont plus d'un devait réaliser l'à-propos avant le soir.

Le 3 juin suivant, rue Condorcet, à la tombée de la

nuit, une jeune femme hâtait le pas, en regardant d'un air inquiet un grand vilain homme qui semblait la poursuivre depuis quelques moments.

Elle voulait prendre un autre chemin, quand un quidam plus effroyable encore que le premier s'offrit à ses yeux.

Elle hésitait sur le parti à prendre, quand un fiacre passe à vide. Elle s'y précipite, affolée.

— Où allons-nous? demande le cocher.

— Route de Versailles, répondent deux voix de stentor. Le préfet de police attend M. Paschal Grousset.

C'étaient les deux agents qui avaient flairé sous les vêtements de la jeune dame le délégué des relations extérieures.

JULES ANDRIEU

On le dit professeur.

Professeur de quoi ?

De chiromancie sans doute, art sur lequel il a fait un petit volume dont je n'ai jamais vu, du reste, aucun exemplaire. Il est vrai que j'ai toujours eu de la chance.

Andrieu a été journaliste, fort peu du reste, mais assez cependant pour contribuer à la mort de la *causerie* de notre ami Victor Cochinat.

Il fut aussi employé à l'Hôtel de Ville; il aurait eu les chances d'être élu député de l'Algérie, aux dernières élections, avant de faire partie du Comité central et de la Commune.

Ce qui lui aurait valu les suffrages des Africains mérite certainement d'être raconté.

Tout enfant, j'ai connu Andrieu que l'on appelait alors Monsieur Andrieu.

C'était un homme d'environ trente-cinq ans, de taille

moyenne, avec des cheveux et une barbe blonds, fort mal mis et à moitié borgne.

Il allait partir, et partit en effet peu après pour l'Algérie avec une provision de chapeaux de femme, fleurs artificielles et rubans, qu'il comptait vendre fort cher aux Algériennes.

Andrieu revint en France siéger à l'Hôtel de Ville et un homonyme fut nommé député de l'Algérie à sa place.

MORTIER

Le sieur Eugène Mortier n'appartient pas, ainsi que plusieurs journaux l'ont annoncé, à la famille Mortier dont les deux fils sont journalistes.

On ne connaît de sa vie qu'un détail, et c'est assez.

Le citoyen Mortier commanda le feu, le 22 janvier 1871, contre l'Hôtel de Ville.

VERDURE

(Auguste-Joseph), ancien instituteur, délégué par la Commune à la commission d'enseignement.

Ex-caissier de la *Marseillaise*, Verdure fut dénoncé par sa maîtresse après l'entrée des troupes et mis aussitôt en état d'arrestation.

On n'est jamais vendu que par les siens.

RAZOUA

Tony Révillon, flânant au café de Madrid, découvrit un jour dans un coin de la petite salle réservée au « monde littéraire »... un homme caché par l'abondante fumée produite par la pipe, qu'il fumait lentement.

Ce personnage mystérieux était de taille moyenne. On devinait à ses brusques façons qu'il avait été militaire ; son teint bruni, ses cheveux en brosse, sa longue barbe, indiquaient aux regards de l'observateur qu'il avait servi dans les régiments d'Afrique.

C'était Eugène Razoua.

Révillon causa quelques instants avec ce soldat.

Les mots de *révolution, socialisme, république,* dont celui-ci émaillait ses discours, lui valurent l'amitié du chroniqueur de la *Petite Presse*.

Le journalisme est une chose contagieuse. La fréquentation continuelle des gens de lettres dont Tony-Révillon était entouré donnèrent au spahi retraité la pensée de prendre la plume pour livrer à la publicité ses impressions et souvenirs.

C'est alors qu'il publia à la librairie Achille Faure un superbe volume, à couverture rouge, sous le titre de : *Souvenirs d'un spahi.*

Ce volume, tiré à quinze cents exemplaires, quatorze cent vingt de trop, disait l'éditeur, éleva Razoua au rang des habitués du café de Madrid, son domicile régulier.

Chaque jour, de quatre à sept heures, l'auteur des *Souvenirs d'un spahi* venait s'asseoir dans la petite salle réservée, faisant de la politique avec Delescluze, Ranc, Révillon, etc, etc., s'interrompant de cinq minutes en cinq minutes pour absorber lentement une gorgée d'absinthe savamment préparée.

En 1867, Razoua publia dans le *Pilori* de Victor Noir quelques articles violents, parmi lesquels nous citerons l'*Homme aux quatre femmes.*

Puis Delescluze le prit avec lui au *Réveil*, où il affirma ses opinions révolutionnaires.

Au mois de février enfin, l'élève surpassant le maître, Eugène Razoua fut élu membre de l'Assemblée nationale par les électeurs de Paris, qui n'accordèrent à Réveillon qu'un nombre de voix insuffisant.

Après avoir siégé, sans bruit, aux séances de Bordeaux, Razoua donna sa démission de député pour accepter, à l'instar de son ami Delescluze, le mandat de conseiller communal.

Le rôle de Razoua sous la Commune est presque un rôle de comparse.

Nommé gouverneur de l'École-Militaire, il invita ses amis à déjeûner et à dîner à l'hôtel du Champ-de-Mars, où il leur fit servir les mets les plus exquis par des valets en habit noir, gants et cravate blanche.

C'est là ce qu'il fit de plus marquant, je crois.

Toutefois, les hautes fonctions que remplit l'ex-spahi ne lui firent pas rompre ses vieilles habitudes avec le café de Madrid.

Il y vint chaque jour, comme à son ordinaire ; seulement il y vint à cheval et suivi d'une ordonnance qui, pendant une, deux, quelque fois trois heures, gardait sa monture.

Malheureuse ordonnance !

12.

VIARD

Deux fois élu membre de la Commune par les électeurs des troisième et septième arrondissement de Paris, le nommé Viard a longtemps habité Lyon, où il fut employé dans une maison de commerce, dont il fut chassé à la suite d'un certain détournement qui lui valut une condamnation pour escroquerie.

Lorsqu'il recouvra sa liberté, Viard inventa le *Chromo-duro-phane*, et devint délégué de la commission des subsistances.

Tout cela ne se ressemble guère.

OKOLOWICZ

Encore un étranger cachant son origine véritable sous le faux nez d'une terminaison polonaise, pour mieux intriguer dans l'immense mascarade à laquelle l'Internationale avait convié tous les déclassés européens :

> Truands, mauvais garçons, bohémiens, pastoureaux !
> Tombant et renaissant sous le fer des bourreaux,

disait le poëte.

Quant à Okolowicz, on a de bonnes raisons de croire que ce Polonais de mardi-gras est né dans la Pologne russe, ce qui expliquerait suffisamment quelle main généreuse pourvut à ses frais de voyage et de déguisement jusqu'à son arrivée à Paris, où il était envoyé, dit-on, en mission par la maison Bismark, Guillaume et Ce.

Mais pour parader tout à son aise dans le cortége du citoyen Dombroswki, autour du char des déesses, où Mme Léo représentait Vénus et le père Delescluze le Temps (c'était le peuple assurément qui était le bœuf) Okolowicz avait dû enfourcher le dada révolutionnaire, caracolant aux portières de la Commune et envoyant des baisers aux pétroleuses de qualité.

Beau, brave, impudent, il savait prendre tous les masques et changer de ton suivant les besoins de la cause qu'il soutenait et les personnes avec lesquelles il était en relations.

Ses succès auprès d'une jeune femme qui tenait de près à un grand personnage de la Commune (quand je dis *grand*, c'est *haut* placé qu'il faudrait, car il était horriblement rabougri), ses succès, dis-je, auprès de cette dame ne furent pas sans influence sur le but de ses démarches, qui avaient pour objectif un grand commandement militaire.

L'amant dont il piquait la jalousie n'était pas fâché de se débarrasser d'un rival en l'envoyant au feu, en attendant qu'il l'envoyât au diable.

Indépendamment de la haine du Dandin communeux qui pourtant le servait de son mieux, Okolowicz s'était ménagé la protection forcée de deux autres membres puissants de l'Hôtel de Ville, dont il avait eu l'esprit de se faire craindre et... aimer, grâce aux renseignements dont il était maître, sur leurs antécédents antirévolutionnaires.

Il savait et pouvait établir, pièces en main, que Dombrowski, comme nous l'avons déjà dit, n'était pas plus Polonais que lui, et n'avait jamais combattu en Pologne que contre l'indépendance expirante de ce pays.

Quant à Cluseret, le patron qui avait si généreusement

aidé Okolowicz de sa bourse, n'avait pas négligé non plus de lui faire parvenir à l'égard du délégué à la Guerre certaines indiscrétions sur l'effet desquelles il comptait beaucoup pour son élévation dans l'armée fédérée.

Muni de sa lettre de recommandation, il se présente au ministère, où il a beaucoup de peine à parvenir jusqu'au citoyen délégué, qui était entouré de solliciteurs venus là pour demander les grades les plus élevés en raison des services qu'ils prétendaient avoir rendus à la cause.

Cluseret était de mauvaise humeur.

Il accueillit assez brusquement le nouveau venu par ces mots :

— Qui êtes-vous ? Que faites-vous ? Que voulez-vous ?

Sans se troubler de ce déluge d'interrogations, Okolowicz lui répondit simplement :

— Être colonel quelque part, ou général de quelque chose.

— Encore un ! s'écria le délégué. Tous ces hommes-là sont fous, en vérité !

— Je suis persuadé qu'à mon égard vous voudrez bien changer d'opinion, dès que vous aurez jeté les yeux sur ce petit fait divers que j'ai collectionné dans un journal lyonnais ; car j'ai la manie des collections.

Et Okolowicz tira de sa poche un numéro de la *Masca-*

rade dont Cluseret s'empressa de dévorer le contenu, rédigé en ces termes :

« Les Parisiens égarés et entraînés qui vont se faire tuer sous les ordres du général Cluseret ne connaîtront jamais tous les titres que possède à leur confiance ledit général.

« En voici un nouveau que nous venons de découvrir :

« Le sieur Cluseret a été décoré de la Légion d'honneur, en 1848, pour sa belle conduite contre les insurgés de juin.

« M. Cluseret était alors lieutenant au 55⁰ de ligne et commandait le 23⁰ bataillon de la garde mobile.

« M. Cluseret, en conduisant à la boucherie les bataillons fédérés, porte-t-il sur son uniforme cette croix de la Légion d'honneur ? »

— C'est une infamie de journaliste, fit le général, après avoir fini sa lecture. Et que prétendez-vous faire de cette pièce ?

— M'en faire un titre à la bienveillance de la Commune, qui ne pourra me nommer moins que colonel, en récompense du service que je lui rendrai en l'éclairant sur les traîtres, dit imperturbablement Okolowicz. Mais vous voyez, citoyen que je vous ai donné la préférence. C'est à prendre ou à laisser.

— Mais, fit Cluseret ébranlé, je ne suis pas le maître. A côté de moi il y a Dombrowski.

— Oh ! pour celui-là, je suis sûr de son consentement. Il se gênera plutôt que de me refuser quoi que ce soit.

— Oui ! oui ! reprit-il, sur un mouvement d'étonnement de Cluseret, c'est un vieil ami à moi que Dombrowski, républicain comme moi, Polonais comme moi. Ah ! ce serait bien le diable si l'on refusait de s'aider entre complices. Ah ! pardon de ce lapsus : je voulais dire *compatriotes*. Mais que voulez-vous ? je ne suis pas familiarisé avec le génie de votre langue... internationale.

Après un moment de silence, pendant lequel les deux adversaires s'épient mutuellement, cherchant à lire dans le cœur l'un de l'autre, Okolowicz se leva :

Ainsi Monsieur le chevalier, dit-il galamment, c'est une affaire conclue entre nous. J'aurai mon grade et vous aurez ma discrétion absolue sur tous ces bavardages de journal.

Puis, saluant, il quitta Cluseret, dont le regard chargé à mitraille l'eût bien volontiers anéanti, sans témoins.

A quelque temps de là, le colonel ou le général Okolowicz (on n'a jamais été bien fixé sur son grade), accompagné de l'intendant Pignolet, se rendait au ministère de la guerre, lorsqu'on tira sur la voiture qui les contenait.

Une vitre de la portière fut brisée par une balle qui alla se loger à quelques pas plus loin dans la devanture d'une boutique.

Ce coup de feu paraissait venir d'un fusil à vent et partait d'une maison du bas de Levallois, disait l'enquête à laquelle on se livra immédiatement, sans qu'on parvînt pour cela à mettre la main sur l'auteur de cette tentative d'assassinat.

En cette circonstance, Okolowicz donna une preuve du sang-froid qui ne l'abandonnait jamais dans les circonstances les plus critiques.

Il se contenta de retirer son képi, qui seul avait été troué par le projectile :

— Mauvais drap fit-il en examinant, l'étoffe mâchée par la balle. C'est tout neuf et c'est moins solide que ma vieille carcasse !

C'est de lui que son ordonnance, un vieux fédéré qui comptait un nombre incalculable de campagnes comme soldat, et un assez joli revenu de révolution comme insurgé, disait :

— Il faut que ce b... ait fait un pacte avec le diable.

Le fait est que jamais général ne fut plus prodigue de sa personne et moins encore de son courage.

A Asnières, le 19 avril, on le voyait aller et venir au milieu d'une grêle d'obus et de mitraille qui labourait la voie du chemin de fer, où il se promenait avec son commandant d'artillerie, le citoyen Gontier.

Ils étaient tous les deux à découvert.

Un boulet plein passe en ricochant entre eux.

L'un continue à fumer sa cigarette, l'autre à examiner les positions avec sa lorgnette et défiant les projectiles de toutes sortes qui les criblent.

Ils retournaient tranquillement au petit pas gagner le côté des tranchées, lorsqu'un éclat d'obus atteignit le général à la tête et au bras.

Bien que blessé également et d'une façon plus grave dans les reins, Okolowicz ne voulut pas abandonner son poste, et à quatre heures du soir, il faisait encore l'inspection des batteries, recevant les rapports, donnant ses ordres comme il avait l'habitude de le faire chaque jour.

On profita d'un instant où le sang qui s'échappait de ses blessures à grands flots lui avait enlevé la connaissance, pour le conduire, hors de danger, à l'ambulance du palais de l'Industrie.

C'est là qu'il se trouvait, achevant sa convalescence, lorsque les troupes de Versailles envahirent les Champs-Élysées.

Sous le bonnet de coton du malade et le couvert du blessé, beaucoup d'insurgés avaient essayé de trouver un refuge.

Aussitôt découverts, en dépit de leur déguisement et de leurs fausses plaintes, ils étaient emmenés au pied d'un arbre où s'achevait la guérison en un clin d'œil.

Comme les soldats arrivés auprès d'Okolowicz n'avaient

pas l'air de se rendre à ses réclamations, il demanda à parler à leur officier.

— Non-seulement, dit-il, je suis blessé, mais je suis étranger.

— Ah! diable, fit l'autre en se grattant le front, ceci demande confirmation.

— Je me réclame de ma nationalité prussienne.

— Alors c'est bien différent. Votre affaire ne me regarde plus, mon cher monsieur, répliqua l'officier avec une politesse glaciale. Quatre hommes et un caporal se chargeront de vous signer vos passeports..... pour un monde meilleur !

PIERRE DENIS

Membre de la Commune et l'un des principaux rédacteurs du *Cri du peuple*. Denis est un petit journaliste de l'école de Vallès, avec lequel il a collaboré déjà à la *Rue*, en 1867.

Après avoir fait ses premières armes dans la *Rive gauche*, où il publia des vers fort bien tournés, Pierre Denis entra avec Vermorel au *Courrier français*, et fit pendant quelque temps dans cette feuille des entrefilets politiques.

Il ne se fit remarquer, pendant le règne de la Commune, que par la violence de ses articles du *Cri du peuple*.

HUMBERT

Boquillon, communeux !

Simonne, pétroleuse !

Où la Révolution va-t-elle racoler des adeptes, l'assassinat des sicaires ?

Plein de compassion pour les erreurs politiques de ce jeune couple, nous allions verser une larme sur le sort de ces paysans pervertis, lorsque leur père, M. A. Humbert, fit parvenir à toute la presse cette lettre tout à fait rassurante :

« Un trop grand nombre de personnes croient que le rédacteur du *Père Duchêne*, A. Humbert, est le même que l'auteur de la *Lanterne de Boquillon*. C'est absolument faux. Je proteste de toutes mes forces contre cette confusion, qui me met sur le dos les ordures de mon homonyme, et je vous serais extrêmement reconnaissant si vous vouliez bien insérer ma lettre, afin que l'on sache bien que je n'ai d'autre rapport avec ce monsieur, qu'une désagréable similitude de nom qui m'a déjà causé beaucoup d'ennuis.

« Agréez, etc. « Signé : A. Humbert. »

Il est certain pour nous maintenant que le *Père de Boquillon*, A. Humbert, n'avait pas d'autre similitude, même la langue, avec son désagréable confrère du *Père Duchêne*, que sa signature.

En voici la preuve :

Lorsque le *Père Duchêne* fonda son office de dénonciations, il eut besoin d'aides et s'adressa pour en avoir à certain courtier interlope qui vendait le jour du cinquante cent à la Bourse, et le soir de menus objets près du Palais-Royal.

Celui-ci lui présenta bientôt un jeune homme comme fort propre à la besogne demandée.

Vermesch l'interroge sur sa profession antérieure :

— Je faisais des *verres,* dit celui-ci.

— Hum ! un poëte ! fit tout bas Vermesch ? Et vous vous nommez ?

— A. Humbert !

— A. Humbert ! s'écria soudain le *Père Duchêne* attendri, dans mes bras, sur mon cœur, là, partout ! Viens, mon cher confrère ! mon excellent ami ! quel bonheur pour moi de contempler le plus grand caricaturiste de la Commune moderne !

— Mais je n'ai jamais dessiné, reprend l'autre, étonné !

— Ça ne fait rien. On peut avoir de l'esprit sans dessin. Et quel naturel dans vos lettres patoises !

— Monsieur, riposte l'autre, je n'ai jamais fait que de la coulée ou de la gothique.

— Laissez donc ! nous avons lu de vous certaine correspondance à Simonne !

— Je n'ai jamais connu de Simonne, citoyen, et je vous prie...

— Brrr, siffla Vermesch, Boquillon est grand comme Napoléon.

— Citoyen, dit l'autre, qui ne comprenait plus du tout, si vous voulez vous foutre de moi, voici un poing qui saura vous répondre.

— Mais je ne raille en aucune façon : je vous traitais comme le père de Simonne et de Boquillon, voilà tout.

— Encore, nom de Dieu ! combien de fois, bougre, faudra-t-il vous répéter que je ne connais pas ces jean-foutres-là ?

Sous cette avalanche de jurons, Vermesch, s'apercevant de son erreur, courba la tête et se prit à réfléchir.

Décidément ce n'était pas un lettré, c'était un crocheteur qu'on lui avait envoyé.

Il l'engagea quand même et lui donna dans son journal la spécialité d'émailler sa prose trop littéraire des B et des F dont il était si peu avare.

— Ah ça, lui dit-il un jour, pourquoi diable, à notre

première entrevue, m'aviez-vous fait croire que vous étiez poëte ?

— Moi ? jamais de la vie par exemple !

— Vous m'avez pourtant dit que vous faisiez des vers.

— Oui des verres à boire. J'étais tailleur en cristaux.

Voici quel était son passé politique. Affilié à l'Internationale dès le début, il fut un des quinze membres de la deuxième commission nommée avec Varlin, Malon, Tollain et Bourdon, alors que les anciens membres, Murat, Héligon et autres, passaient en police correctionnelle pour délit de Société non autorisée.

Poursuivi à son tour, il fut condamné à trois mois de prison et à 100 francs d'amende le 22 mai 1868.

Peu d'hommes se sont montrés plus dévoués à la propagation des idées de l'Internationale que le grossier collaborateur du *Père Duchêne*.

L'association eut en lui un adepte infatigable, et les ouvriers de Genève conservèrent longtemps le souvenir des démarches qu'il fit pour leur envoyer des secours, à propos de la grève des peintres en bâtiments.

Pendant le règne de la Commune, il fut chargé par celle-ci, en dehors de ses travaux littéraires au *Père Duchêne*, d'une mission diplomatique auprès de la section anglaise de Londres pour tâcher d'en obtenir des fonds.

Mais déjà de l'autre côté du détroit, les agissements de la Commune étaient appréciés à leur juste valeur, et les Anglais se montraient indignés de l'incapacité des chefs de la Commune.

Tout internationaux qu'ils furent, ils fermèrent leur caisse, et Humbert en fut pour ses démarches.

A l'entrée des Versaillais dans Paris, Humbert accourt près de Vermesch.

— Quelles nouvelles ? lui dit celui-ci.

— Nous sommes foutus ! lui répond l'autre.

Et comme Vermesch, habitué aux trivialités de son langage, rabattait beaucoup de l'imminence de péril et se remettait à écrire,

— Trêve aux pattes de mouche ! lui dit Humbert. On se mitraille là-bas. Allons nous foutre un coup de torchon avec les autres.

JOURDE

Celui qui remplit sous la Commune les fonctions de ministre des finances est l'un des hommes les plus intelligents qu'ait produit le 18 mars — ce qui ne veut pas dire que ce soit une capacité.

Né à Montauban, il vint de bonne heure à Paris avec ses parents, qui, voyant prospérer le petit magasin de bric-à-brac qu'ils avaient ouvert dans la rue Saint-Placide, placèrent leur fils à l'institution Hortus, où Jourde fit d'assez bonnes études commerciales.

A seize ans, après avoir suivi les cours de l'École Turgot, il entra dans une maison de banque avec des appointements qui lui permirent de fréquenter avec ses compagnons d'école les bals et brasseries du quartier Latin.

Affilié à l'Internationale, Jourde ouvrit, il y a environ trois ans, avec sa part de l'héritage de son père, un magasin de cotonnade dans la rue Boissy-d'Anglas, qu'il abandonna lors du triomphe — triste triomphe — de la Commune pour offrir ses services au Comité central.

Élu membre de la Commune, puis délégué aux finances jusqu'au 23 mai, Jourde dut quitter le portefeuille ministériel pour reprendre les habits d'artisan sous le nom d'un sieur Roux, garde national, fusillé sans doute, dont il avait ramassé le livret.

C'est ainsi que ce communeux fut arrêté le 31 mai et conduit auprès de M. Hortus, maire du VIIe arrondissement, qui n'est autre que l'instituteur chez lequel il fit ses premiers études.

Après avoir subi un sommaire interrogatoire, pendant lequel il manifesta autant de franchise que d'indifférence, Jourde fut conduit à Versailles pour y être jugé.

DEREURE

(Louis-Simon). Ouvrier cordonnier, membre de l'Internationale, qu'il fut chargé de représenter au fameux congrès de Bâle.

Condamné par la haute cour de justice siégeant à Blois, sous l'inculpation de complot contre la sûreté de l'État, Dereure avait été gérant de la *Marseillaise*, puis Commissaire de police au 4 septembre.

Révoqué à la suite de l'insurrection du 31 octobre, ce *gniaf* devint sous la Commune délégué adjoint à la Commission de justice.

VAILLANT

Né à Lille, où il collabora au *Propagateur*.

Le nommé Vaillant, après avoir passé à Paris son doctorat ès sciences, se rendit en Allemagne pour y continuer ses études.

Reçu ingénieur, il fut pendant quelque temps employé dans une manufacture de tabacs et se livra ensuite à l'invention.

On cite de lui différentes découvertes qui lui valurent sans doute l'honneur de faire partie de plusieurs commissions sous la Commune.

L'une de ses découvertes est le chignon incendiaire.

A l'aide d'un seul de ces chignons jeté dans une cave, il suffit — paraît-il — d'une seule étincelle pour que le feu prenne à toute la maison.

Cet inventeur devait être bien précieux pour les membres du Comité central.

On annonce qu'il est allé offrir ses services aux Prussiens, dont il était l'ami.

J.-B. CLÉMENT

Journaliste sans talent — membre de la Commune et rédacteur du *Cri du Peuple* :

Jean-Baptiste Clément a publié sous l'Empire quelques pâles imitations de la *Lanterne*.

Le *Casse-tête*,
Les *Prophéties politiques*,
La *Lanterne impériale*,
Et la *Lanterne du Peuple*.

Il a fait aussi, en collaboration avec Ernest Blum, quelques chansonnettes populaires.

Le 21 avril, Jean-Baptiste Clément fut délégué à la Commission d'enregistrement.

LES FRÈRES MAY

Les deux Ajax du Comité central.

Les frères May (Gustave et Élie), tous deux membres de l'Association Internationale et bijoutiers rue Turbigo à Paris, furent chargés par la Commune de diriger l'Intendance.

Le premier fut nommé intendant général.

Le second intendant divisionaire.

LACORD

Ancien cuisinier, élu membre de la Commune le 16 avril par 1,592 électeurs, en souvenir des haricots de mouton, à la préparation desquels il excellait, dit-on, Lacord fut aussi chargé de pouvoirs du Comité central dès le 12 avril.

Organisateur de la résistance à Belleville lors de l'entrée des troupes dans Paris, on raconte que, voyant les gardes nationaux désespérés et prêts à se rendre, il leur dit :

— Que ceux qui veulent gagner quinze sous par jour et voir mourir de faim leurs femmes et leurs enfants lèvent la crosse en l'air. Que ceux qui veulent la liberté et l'abondance meurent.

La mort peut peut-être donner la liberté et l'abondance, mais dans l'autre monde, alors.

JULES ALIX

Cinquante-deux ans, né à Fontenay (Vendée), le 9 septembre 1818.

Délégué à la mairie du VIII° arrondissement, Jules Alix figura dans le complot dit de l'Hippodrome et de l'Opéra-Comique (7 juin et 5 juillet 1853).

AMOUROUX

Orateur des réunions publiques.

Membre peu influent de la Commune, nommé le 21 avril délégué adjoint aux relations extérieures.

EDME-MARIE TRIDON

Étudiant en médecine, Tridon se jeta dans la politique après avoir englouti au quartier Latin 20,000 livres de rentes dont il était l'heureux détenteur.

Compromis dans le complot de mai 1870, il comparut devant la haute cour de Blois et fut pendant la guerre rédacteur de la *Patrie en danger* avec Blanqui et Rigault.

Élu député de la Côte-d'Or aux dernières élections, Edme Tridon donna sa démission pour faire partie de la Commune, et fut délégué à la Commission de la guerre.

LOUIS-JEAN PINDY

Ouvrier mécanicien, né à Brest en 1840.

Pindy est l'un des chefs les plus influents de l'Association internationale ;

Propagateur des cartes d'adhésion ;

Inventeur d'engins destructeurs dont les formules furent trouvées en son domicile avec des notes indicatives de la façon dont ces engins doivent être employés après leur fabrication ;

Délégué aux congrès de Bruxelles et de Bâle en 1868 et 1869 ;

Réorganisateur de l'association dissoute par jugement du tribunal de Paris, en date du 22 mai 1868 ;

Condamné à un an de prison, comme faisant partie de société secrète le 5 juillet 1870 ;

Accusé de complot contre l'Empire et cité devant la haute cour de Blois,

Jules Pindy avait, comme on le voit, de nombreux titres aux suffrages des électeurs de la Commune, qui l'élevèrent à la dignité de délégué adjoint à la Guerre.

BILLIORAY

Alfred Billioray, ou le sphinx de la Commune.

Ce que l'on savait jusqu'à ce jour sur ce personnage, c'est qu'il professait le plus profond mépris pour les journaux et les journalistes, ainsi que le prouvent les nombreuses altercations qu'il eut avec Pyat au sujet des mesures proposées contre la liberté de la presse.

C'est sans doute cette indifférence qui l'empêcha de rectifier les détails contradictoires publiés sur son passé, laissant le public dans la plus profonde incertitude.

Il ne réclama même pas lorsque les journaux l'accusèrent d'avoir joué de la vielle dans les carrefours de Paris et de Lyon.

Cependant, j'ai cherché entre Paris et Corbeil quelqu'un qui pût me renseigner exactement, et je suis parvenu enfin à découvrir des détails absolument vrais sur cette triste personnalité, dont on a souvent raconté la vie, mais toujours d'une façon fantaisiste ainsi que le prouvent les détails suivants, bien et dûment vérifiés, je le répète.

Billoray est un homme de trente et un ans.

Sa taille est de *un mètre soixante-douze centimètres*, ses cheveux, sa moustache et sa barbiche blonds, son teint pâle.

Au demeurant, une physionomie sans expression, avec la lèvre supérieure se dédoublant en longueur quand il rit.

Doué de moyens oratoires très-accentués, il parle d'une voix douce, presque féminine, sans jamais se troubler, quel que soit son auditoire, disant tout avec une assurance qui lui donnait sur certains de ses collègues à l'Assemblée communale une autorité relative.

Né au commencement de l'année 1840, l'ex-membre de la Commune et du Comité central est le fils naturel d'une demoiselle Clément qui connut M. Billioray, son père, en Bretagne, où il habitait alors.

L'enfant avait quelques années seulement lorsqu'il vint à Paris avec sa mère.

Mademoiselle Clément l'éleva aussi bien qu'elle put le faire.

Alfred était intelligent ; il profita des leçons qu'il reçut d'un petit maître d'école au village de Plaisance, et lorsqu'il termina ses études primaires, à treize ans, il avait déjà fait choix de la profession à laquelle il voulait se vouer.

— Je serai artiste, dit-il, comédien ou peintre, comme Talma et Raphaël.

Deux ans après, c'est-à-dire à l'automne de l'année 1855, Alfred Billioray entra à l'École des jeunes artistes, pour y apprendre la déclamation enseignée par Ricourt, qui fut aussi le professeur de Marie Duplessis, illustrée par Alexandre Dumas fils, sous le nom de la *Dame aux Camélias*, Finette, Rigolboche, Marguerite Bellanger et autres célébrités du même genre.

Sans aucune disposition dramatique, Billioray dut renoncer à succéder au grand Talma.

C'est alors qu'il songea à prendre la place de Raphaël dans l'histoire des peintres et se fit modèle.

Bientôt, il essaya lui-même de manier le pinceau, ainsi que le prouvent quelques Chemins de croix barbouillés et vendus par Billioray aux marchands du quartier Saint-Sulpice.

Aidé des conseils du peintre Chazal, devant lequel il posait, Alfred parvint à crer, après douze années de travail, un tableau intitulé *la Sollicitude maternelle*, que les habituées du salon ont pu voir à l'Exposition de 1870. Toutefois, ce succès n'enrichit pas Billioray, que la Commune trouva dans un misérable logis de la rue des Canettes, exerçant la profession de courtier en fleurs artificielles, et dans un état complet de dénûment.

Paresseux, buveur, menant la vie de bohémien la plus éhontée, vivant de quarante sous par jour, empruntés à un ami moins éprouvé, ou demandés souvent à sa sœur Caroline, fille soumise dans une maison de tolérance.

Lorsqu'il devint membre de la Commune, Billioray reçut en seigneur fédéré, jetant l'or autour de lui.

Bon enfant avec ses camarades,

Terrible avec ses ennemis, c'est-à-dire avec ceux qui ne partageaient pas son opinion.

On a retrouvé sur le corps d'un misérable fusillé cet ordre signé par le rapin de Plaisance :

COMITÉ DE SALUT PUBLIC.

Au citoyen général Dombrowski.

« Citoyen,

« J'apprends que les ordres donnés pour la construction des barricades sont contradictoires.

« Veillez à ce que ce fait ne se reproduise plus.

« Faites sauter ou incendier les maisons qui gênent votre système de défense. Les barricades ne doivent pas être attaquables par les maisons.

« Les défenseurs de la Commune ne doivent manquer de rien ; donnez aux nécessiteux les effets que contiendront les maisons à démolir.

« Faites d'ailleurs toutes les réquisitions nécessaires.

« Paris, 2 prairial an 79.

« A. BILLIORAY. »

Ce malheureux, dont on n'a plus à redouter la présence à Paris, est en ce moment à Versailles, où il sera jugé prochainement par la cour martiale.

Indifférent devant la mort, comme il le fut toujours devant la misère, son seul désir est d'entrevoir sa dernière petite fille — Baby, comme il l'appelle — née depuis sa détention et qu'il n'a vu que trois fois.

Le procès de cet individu nous apprendra de curieux détails.

Devenu membre de la Commune et prévoyant le peu de durée de ce prétendu gouvernement, Billioray ne songea qu'au moyen de s'emparer de la caisse de l'Hôtel de Ville, au jour de la rentrée des troupes, lorsque ses collègues ne songeraient qu'à fuir.

Mais il avait compté sans le pétrole, et lorsque le premier projet d'incendie fut proposé à la Commune, il imagina un autre moyen d'arriver à la fortune.

Quel fut ce moyen, nous l'ignorons; ce qu'il a ce certain, c'est que la maîtresse de Billioray, Mlle Pauline, déclara à l'instruction qu'elle venait d'hériter de 30,000 francs.

QUATUOR D'INCENDIAIRES

Le Pays. — Ex-adjudant au 82e bataillon de la garde nationale, reçut le 22 mai l'ordre suivant qu'il exécuta :

« *Brûlez le faubourg Saint-Germain.*

« Delescluze. »

Parent. — Pièce trouvée sur un insurgé tué à la prise de la barricade du boulevard Voltaire.

« *Incendiez tout le quartier de la Bourse, ne craignez pas.*

« *Le colonel,*
« Parent. »

Isnard. — Colonel d'état-major de la première légion. Incendiaire du Palais-Royal.

Van der Hoowen. — « Le citoyen van der Hoowen, délégué commandant la caserne du Château-d'Eau, est invité à remettre au porteur du présent les bonbonnes d'huile minérale nécessaires au citoyen chef général des barricades du faubourg du Temple.

« *Le chef de légion,*
« Brunel. »

LULLIER

(Lieutenant de vaisseau.)

Charles-Ernest Lullier, né à Mirecourt (Vosges), le 27 avril 1838, dit l'annuaire maritime, a été admis à l'École navale en 1854, et nommé aspirant de deuxième classe le 1er juillet 1856.

Ce personnage, connu par les nombreuses protestations dont il a inondé les journaux de ces dernières années, est connu surtout depuis sa polémique avec Paul de Cassagnac.

On se souvient encore du bruit qui se fit autour du nom de Lullier, lorsque le rédacteur du *Pays*, dont on ne peut pas mettre en doute la bravoure, refusa de croiser le fer avec lui.

Après avoir voyagé sur différents navires dont les livres de bord ne contiennent sur lui que des mentions peu favorables à ses habitudes, Charles Lullier vint à Paris pour y publier un volume dédié à M. le comte Aurore de La Roucière le Noury, et portant ce titre :

Mission politique et maritime de la France au XIXe siècle.

Condamné plusieurs fois pour fautes graves envers la discipline et faits politiques, on se souvient encore du scandale qu'il causa au Palais en souffletant un avocat représentant le ministère public.

Longtemps emprisonné à Sainte-Pélagie, où il essaya de se faire passer pour fou, le nommé Lullier dirigea aussitôt qu'il le put ses menaces contre M. l'amiral Rigault de Genouilly, ministre de la marine.

Les lettres qu'il adressa à ce fonctionnaire contenaient de telles violences, que l'on dut en avertir le parquet et exercer une surveillance active autour de l'hôtel de la rue Royale.

Enfermé de nouveau à Sainte-Pélagie, il en sortit au 4 septembre, en même temps que Rochefort, et se ligua contre le nouveau gouvernement, qui ne l'avait pas nommé ministre de la guerre.

Il en fut récompensé le 18 mars, par le Comité central, qui l'éleva à la dignité de commandant de la flottille de la Seine.

Accusé par la Commune d'avoir *vendu* le Mont-Valérien, Lullier fut enfermé à la Conciergerie, comme sous l'Empire et le gouvernement provisoire.

Les journaux sont remplis des protestations de ce personnage, atteint de la manie d'écrire, dont le commandant en chef de l'escadre d'évolution de Brest écrivit, en 1860, au-dessous de son nom :

Ch. Lullier : « Sans aptitudes, sans jugement, a besoin de tout apprendre, surtout à ne pas trop écrire. »

JACLARD

Le nom de Jaclard est connu surtout par les élucubrations socialistes de la citoyenne Jaclard, sa femme, une jolie Russe de la tribu des Béni-André-Léo.

Quand au colonel, chef de la 17e légion, c'est un homme de vingt-huit ans, célèbre par son inaptitude aux affaires administratives, dans le quartier des Batignolles, où il fut, lors de l'élection des maires, adjoint à M. Fr. Favre.

Devenu membre de la Commune, Jaclard loua deux appartements, le premier au n° 16, le second au n° 20 de la rue Biot;

C'est là qu'il fut arrêté avant qu'il eût pu anéantir les quantités considérables de papiers ayant trait à l'Internationale et aux opérations militaires pendant la Commune.

Conduit à Versailles après avoir subi un premier interrogatoire à la place Vendôme, Jaclard tenta de se pendre aux barreaux de sa cellule à l'aide de sa cravate.

Les gardiens de la prison arrivèrent assez tôt pour l'empêcher d'accomplir ce funeste dessein.

Charles-Victor Jaclard est né à Metz en 1843.

Elevé au lycée de cette ville, il y fit d'assez bonnes études qui lui permirent d'enseigner la philosophie dans une institution de Paris, après avoir fait un congé dans un régiment de ligne.

LA CÉCILIA

Général à la façon de Couderc, mais moins drôle que l'excellent comique des Variétés, La Cécilia est un vétéran du monde irréconciliable quand même.

Aventurier comme un Italien qu'il est, ses opinions et l'exaltation de son caractère l'obligèrent de quitter sa patrie vers 1859.

Réfugié en Prusse, il professa les mathématiques à l'université d'Ulm, puis s'engagea dans le corps formé par Garibaldi.

On a dit que ce communeux fut passé par les armes lors de l'entrée des troupes dans Paris, et que pendant l'exécution les passants murmurèrent ce *De profundis* fantaisiste.

> Pour l'autre monde
> Il s'embarqua. (*bis*)
> Saute mignonne
> La Cécilia ! (*bis*)

Mais les journaux viennent de nous apprendre que La Cécilia a été arrêté chez une châtelaine de Lisieux.

Le *De profundis* est à recommencer.

SALVADOR

Petite célébrité musicale.

Salvador, nommé par la Commune directeur du Conservatoire en remplacement de M. Auber !

Fut passé par les armes, rue Jacob, après la prise de la barricade de la rue du Trente-et-un Octobre.

Salvador mourut en disant :

— Je prends la responsabilité de tout ce qui s'est fait dans le VI° arrondissement.

JEAN VERICQ

Lieutenant de la garde nationale.

Déclara, avant d'être passé par les armes, avoir fourni vingt hommes pour l'exécution des otages emprisonnés à la Roquette.

TOUPE

Directeur, pour la Commune, des ateliers, de manutention du quai de Billy.

CHARLET

Perruquier, rue Gosselin, n° 7,
Puis chef du personnel au ministère de l'intérieur.

VOLPESNIL

Directeur de l'octroi.

FONTAINE

Jules Fontaine,
Cinquante-cinq ans,
Taille élevée,
Epaules larges, gros,
Cheveux grisonnants, longs,
Moustaches rousses,
Yeux vifs,

Insurgé de profession, fait tout ce qui concerne son état.

Le nom de Jules Fontaine, figure dans l'histoire de toutes les révolutions, émeutes et insurrection survenues à Paris depuis 1848.

Arrêté déjà à cette époque, on le vit de nouveau sur le banc des accusés de complot au mois de juillet de l'année dernière subissant avec indifférence l'interrogatoire des jurés et ne songeant qu'à réaliser les rêves d'ambition qu'il nourrissait depuis sa plus tendre enfance.

Le 18 mars vint et donna à Fontaine le titre de directeur des domaines et de l'enregistrement, en récompense de longs services rendu par lui à la cause de la Commune.

ARTHUR ARNOULD

Arthur Arnould est aujourd'hui un homme de quarante sept ans.

Doué d'une physionomie intelligente, encadrée par de longs cheveux gris rejetés derrière les oreilles.

Il est petit de taille, vif, toujours agité.

Sa bouche fine un peu cachée par une moustache noire, sourit rarement; ses yeux bleus et francs observent sans cesse.

Je l'ai entendu, au mois de mars 1870, déposer devant haute cour de Tours des faits dont il avait été témoin touchant le meurtre de son ancien collaborateur Victor Noir.

Malgré un léger vice de prononciation, qui lui fait souvent donner aux s la consonnance d'un z, Arthur Arnould s'exprime avec élégance; sa déclaration, conçue en termes modérés, fut très-favorable à la défense de sa partie civile.

Arthur Arnould avait été, l'on s'en souvient, choisi par

Henri Rochefort pour aller provoquer en duel le prince Pierre Bonaparte.

Alors rédacteur de la *Marseillaise*, Arnould avait collaboré, avant d'entrer au journal de Rochefort, à un grand nombre de feuilles démocratiques de Paris et de la province.

Ami intime de Delescluze, de Félix Pyat et de Vermorel, il se trouva, entraîné par ses relations dans le mouvement qui suivit le 18 mars et devient ainsi membre de la Commune, sans avoir le tempérament d'un révolutionnaire.

Les actes arbitraires proposés à la Commune et particulièrement les projets touchant les suppressions de journaux furent toujours discutés et repoussés par lui.

— Je trouve prodigieux, disait-il a ses collègues, qu'on parle toujours d'arrêter les gens parce qu'ils expriment leurs opinions.

Opposé à la formation du Comité de salut public, il vota contre son organisation, attendu, dit-il :

Que cette institution serait en opposition formelle avec les aspirations politiques de la masse électorale dont la Commune est la représentation ;

Attendu en conséquence que la création de toute dictature par la Commune serait de la part de celle-ci une véritable usurpation de la souveraineté du peuple.

Quelques jours auparavant, Arnould avait protesté énergiquement contre le maintien du secret.

« Le secret est quelque chose d'immoral, s'écriait-il ; c'est la torture morale substituée à la torture physique.

« Eh bien, au nom de notre honneur, il faut décider immédiatement qu'en aucun cas le secret ne sera maintenu. Même au point de vue de la sûreté, le secret est inutile. On trouve toujours moyen de communiquer.

« Nous avons tous été mis au secret sous l'Empire, et pourtant nous sommes parvenus, non-seulement à communiquer avec le dehors, mais nous avons fait insérer des articles dans les journaux mêmes.

« Il y a là une question de moralité ; je le répète, nous ne pouvons ni ne devons maintenir le secret ; non-seulement le secret, mais l'instruction doit être publique. J'insiste à ce sujet, et j'en fais l'objet d'une proposition formelle.

« Je ne comprends pas des hommes qui ont passé toute leur vie à combattre les errements du despotisme, je ne comprends pas, dis-je, ces mêmes hommes, quand ils sont au pouvoir, s'empressant de tomber dans les mêmes fautes. De deux choses l'une : ou le secret est une chose indispensable et bonne, ou elle est odieuse. Si elle est bonne, il ne fallait pas la combattre, et si elle est odieuse et immorale, nous ne devons pas la maintenir. »

Arthur Arnould était, on le voit, un communeux à l'eau de rose.

On s'étonna souvent que sa franchise ne l'eût pas conduit à Mazas ou à la Conciergerie.

Si elle eût compté beaucoup de membres comme Arnould, il est permis de supposer que la Commune n'eût point inspiré une aussi grande terreur et causé des désastres aussi irréparables que ceux que nous comtemplons aujourd'hui.

HENRY

Résolu de marcher vers Versailles, le Comité central plaça à la tête d'une fraction des forces dont il disposait un citoyen répondant au nom d'Henry, qu'il décora du titre de général.

Ce général, pénétré de l'importance de la mission qui lui était confiée, déploya tous ses efforts pour la mener à bonne fin, et en effet, dès le lendemain de son départ, il arrivait dans la belle ville de Louis XIV..... entouré d'un état-major qui le conduisit aussitôt à la caserne d'artillerie, où l'on s'empressa de lui donner un cachot, dans lequel il reçut la visite de l'amiral Fourichon et du vice-amiral Saisset.

Et l'on n'entendit plus parler de lui.

Cet Henry, perdu pour l'armée des fédérés, la Commune en découvrit un autre dans le quartier de Montrouge, et lui confia de hautes fonctions militaires, afin, sans doute, que l'on ne s'aperçût pas de la disparition d'Henry Ier.

Le second Henry était un ancien artiste du théâtre de Montrouge.

Il avait exercé précédemment la profession de dessinateur sur pierre et de graveur.

C'était un jeune homme élégant à la façon des amoureux de mélodrames, que nous avons eu l'occasion de voir dans les salons de l'École-Militaire.

WROBLESKI

Commandant « l'armée » du Sud, les forts de Bicêtre et d'Ivry.

Avant de servir l'insurrection parisienne, ce communeux avait été officier dans l'armée russe, puis insurgé polonais.

Le général Wrobleski appartient à une famille polonaise honorablement connue.

Il fut un instant désigné pour succéder à Dombrowski, au moment où celui-ci dut abandonner ses pouvoirs.

FERRÉ

Théophile-Charles Ferré, après avoir, comme son ami Raoul Rigault, habité longtemps les cellules de Mazas et de Sainte-Pélagie pour écrits politiques, propos séditieux, complots contre la sûreté de l'État, etc., etc., éprouva au 18 mars le besoin de se venger un peu des condamnations prononcées contre lui.

C'est ainsi que délégué à la Commission de sûreté générale, Ferré, signa d'une main légère la suppression de presque tous les journaux de Paris, puis l'arrêt de mort d'un trop grand nombre de malheureuses victimes retenues emprisonnés par ses ordres, avec l'approbation de son chef, Raoul Rigault.

Anti-bondieusiste, comme ce dernier, ce fut lui qui accepta la lugubre mission d'aller annoncer à l'archevêque de Paris que sa dernière heure allait sonner.

Révolutionnaire farouche, lorsqu'il eut vu tomber les victimes de sa férocité, il courut au ministère de la guerre, où il rédigea cet autre ordre d'exécution trouvé sur un insurgé.

« *Faites de suite flamber Finances et venez nous retrouver.*

« *4 prairial an 79.*

« Th. Ferré. »

AVOINE

Ce nom — cher à la race chevaline — fut porté par plusieurs membres de la Commune.

On dit Avoine père, Avoine fils ;

Comme Henry le général, Henry le colonel, Gaillard père, Gaillard fils, etc., etc.

Avoine fils fut l'un des signataires de la première affiche du Comité central, auquel il appartenait en qualité de membre correspondant de l'Internationale.

Pendant le siége, il avait été nommé à l'élection officier au 103e bataillon et s'était glissé au 31 octobre dans les rangs de l'insurrection.

Le père Avoine, élu membre de la Commune, fut délégué à la mairie de Montrouge, où l'on assure qu'il a laissé un déficit de *cent cinquante-six mille francs.*

Les deux Avoine exerçaient la profession de modeleur, avant d'arriver au pouvoir.

JULES VINCENT

La Commune, qui réunit sous son drapeau tous les corps d'état avoués et inavoués, ne pouvait exister sans compter parmi ses membres un concierge au moins.

C'est à cause de cela qu'elle ouvrit ses bras au nommé Vincent, ancien portier à l'*hôtel de Dordogne*, rue de Bercy, portier qu'elle délégua au Comité de la rue d'Aligre.

Cet individu, chassé de l'hôtel de Bercy, ne songea, lorsqu'il fut puissant, qu'à se venger de son ancien patron, M. Couderc.

L'occasion s'en présenta lors de l'entrée des troupes dans Paris.

Comme il commandait les barricades, Vincent ayant jeté au loin les habits de garde national, qui dissimulaient un costume bourgeois revêtu par prévoyance, s'approcha d'un officier de ligne et lui déclara que son ancien patron avait tiré sur la troupe.

M. Couderc, traîné de force en effet dans le quartier que commandait Vincent, fut immédiatement arrêté, et il allai être passé par les armes, lorsque sa femme expliqua le fait à l'officier.

On reconnut bien vite la culpabilité du dénonciateur, qui fut aussitôt passé par les armes.

Avant de mourir, Vincent avoua être l'auteur du meurtre de l'agent Vincentini, noyé dans les eaux du canal de l'Ourc, lors de l'insurrection du 22 janvier.

TAVERNIER

Membre de la Commune, Tavernier compte aujourd'hui quarante-six années de nullité.

Marchand de vins au litre et à la bouteille, boulevard de Ménilmontant.

Propagateur de la société libre dite de la Libre pensée et orateur des enterrements civils, Tavernier appartenait à la loge maçonnique dite des *Frères de l'humanité*.

Arrêté le 2 mai 1870, comme complice du fameux complot que l'on prétendit inventé par la police, et qui n'était en réalité que la première scène de la révolution du 18 mars, Tavernier fut condamné par la haute cour de justice à je ne sais plus combien de mois de prison.

Délivré le 4 septembre, il devint membre de la Commune par la volonté de 1,299 électeurs.

RANVIER

En tournant les feuillets de ce volume, le lecteur s'étonnera sans doute de rencontrer au milieu de ces communeux qui ne sont connus, pour la plupart du moins, que des geôliers des prisons et du conservateur des archives de la police de sûreté, des hommes arrivés par la persévérance et le travail à faire sortir leur nom de l'obscurité sans être obligés d'afficher sur leur chevalet, en guise de passe-partout pour la célébrité, des opinions et des croyances politiques.

Nous fûmes étonné nous-même, lorsque, pour la première fois, pendant le règne des singes de 92, nous avons vu s'étaler au bas des ignobles affiches de la Commune ou de l'Hôtel de Ville ces signatures que nous n'avions guère lues jusqu'alors qu'au coin d'un joli paysage ou d'une toile de genre.

Et en effet, que diable allait faire dans cette galère M. Courbet, par exemple, qui employa bien un peu, pour parvenir au degré de popularité dont il jouissait avant la Commune, des moyens renouvelés d'Alcibiade, mais qui fut incontestablement un grand peintre !

Peut-être répétera-t-il, après tout, au juge qui l'interrogera, ce qu'il fit au début de sa carrière:

« Savoir pour pouvoir, telle est ma pensée ; être à même de traduire les mœurs, les idées, en un mot, faire de l'art vivant, tel est mon but. »

Mais le juge ne le croira pas;

Il sera condamné à mort, tout au moins aux galères.

Je sais bien que l'on peut étudier aussi le réalisme là-bas; mais il n'y a pas d'exposition de peinture à Cayenne ni à la Nouvelle-Calédonie, et le peintre des *Baigneuses* se verra forcer d'user son talent sur des coquilles de noix ou des boîtes en paille.

Si nous regardons moins haut dans les régions artistiques, nous rencontrons Ranvier, qui ne trouvera pas celui-là, dans son passé, un argument capable d'excuser son présent..

Nous avons demandé aux catalogues des expositions de peinture de ces dernières années des renseignements sur la vie et les mœurs du peintre Ranvier, et voici ce que le catalogue nous a répondu :

SALON DE 1859.

RANVIER (Victor), né à Lyon (Rhône).
A Lyon, rue de la Monnaie, 18, et à Paris, chez M. Colomb, quai de l'École, 18.

2540. — Idylle du soir.

SALON DE 1863.

Ranvier (Joseph-Victor), né à Lyon (Rhône), élève de M. Irénée Richard.

Rue Carnot, 3.

1662. — La Sainte Famille ; sanctification du travail manuel.

(Appartient à M. Arlès-Dufour.)

1563. — Baigneuses ; Paysage.

1564. — La Fatalité.

> L'ange impassible et noir, dont la face est voilée,
> Des profondeurs de l'ombre est accouru sans bruit,
> Il étreint froidement la vierge désolée
> Et, de son bras d'airain, l'enchaîne dans la nuit.

En 1861, le futur membre de la Commune avait exposé un tableau intitulé *les Vertus s'en vont*, qui lui avait valu cette bienveillante appréciation de Théophile Gauthier dans les colonnes du *Moniteur* :

« Sous cette rubrique : *les Vertus s'en vont*, M. Ranvier a exposé un tableau plus remarquable que remarqué ; car il ne flatte aucune des modes régnantes et accuse une étude amoureuse des maîtres italiens.

« Dans une campagne déserte et semée de débris, sous un ciel gris et triste, trois femmes marchent vers l'exil, bannies par la corruption civilisée, et fuient la grande ville dont on aperçoit la silhouette à l'horizon. L'une d'elles, vêtue d'une robe verte, incline mélancoliquement la tête : — C'est l'Espérance, qui désespère et se laisse conduire par la Foi habillée de pourpre et tenant élevé son flambeau, que les yeux des hommes ne cherchent plus. — De l'autre côté de la Foi, se traîne la Charité, alourdie par l'enfant qu'elle porte dans son giron et celui qui s'efforce de la suivre, *non passibus æquis*.

« Grâces du christianisme, charmantes sœurs théologales, est-ce donc vrai que vous quittez ainsi notre vieux monde? Ce serait dommage, car M. Ranvier vous a donné des élégances florentines, des sveltesses à la Primatice, bien regrettables. »

Ranvier avait prévu l'avenir.

Les vertus théologales ont quitté notre Paris envié, laissant derrière elles un amas de ruines et de cadavres.

Victor Ranvier a déserté l'atelier pour la salle des séances de la Commune; il a jeté le pinceau pour le sabre de fédéré, abandonné la palette pour le revolver de l'insurgé.

Atelier, palette, pinceau, tout est perdu pour lui.

POST SCRIPTUM

Au dernier moment on me dit que le peintre Ranvier ne serait pas membre de la Commune.

Nous insérons, sous toute réserve, cette rectification, que nous serons heureux de voir confirmer par l'auteur même des *Vertus s'en vont*.

TABLE DES MATIÈRES

Abadie	169	Cavesky	104
Alix (Jules)	232	Cerisier	78
Amouroux	233	Chalain	176
Andrieu	203	Chardon	189
Anys-el-Biltar	51	Charlet	249
Arnould	251	Clément (J.-B.)	229
Assy	54	Cluseret	31
Avoine (père et fils)	260	Combault	48
Avrial	194	Courbet	79
		Cournet	124
Bastelica	61		
Bergeret	95	Dacosta	8
Beslay (Ch.)	112	Delescluze	184
Billioray	236	Denis (P.)	219
Briosne	123	Dereure	227
Brunel	72	Dombrowski	10
		Duval	150
Castioni	16		
Cavalier (Georges)	119	Eudes	63

Fontaine	250	Lisbonne	168
Ferré	258	Luillier (Charles)	242
Flourens	151		
Frankel	86		
		Maroteau	59
		Matuzevick	85
Gaillard	146	May frères	230
Gambon	136	Mégy	190
Garibaldi (Menotti)	128	Meillet	141
Garnier	40	Millière	133
Goupil	13	Miot (Jules)	183
Grousset	195	Mortier	205
Guedenel	110		
Henry	255	Okolowich	211
Humbert	220		
		Parent	241
Isnard	241	Parisel	145
		Passedouet	43
		Peyrusset	103
		Philippe	30
Jaclard	244	Pilotell	68
Johannard	99	Pindy	235
Jourde	225	Piot	169
		Protot	25
		Pyat (Félix)	170
Lacaille	111		
La Cécilia	246		
Lacord	231		
Laroque	132	Ranvier	264
Lebeau	29	Rastoul	89
Lefrançais	158	Razoua	207
Le Moussu	159	Regnier	46
Longuet	127	Rigault (Raoul)	1
Le Pays	241	Rochefort	90

Rogeard	192	Urbain	24
Romanetti	118		
Rossel	142		
		Vaillant	228
		Vallès (Jules)	105
Salvador	247	Van der Hooven	241
Sérailler	182	Varlin	160
Sylvestre	175	Verdure	206
		Vermesch	19
		Vermorel	178
		Veruq	248
Tavernier	263	Vésinier	73
Thiesz	156	Viard	210
Tony-Moilin	70	Vincent (Jules)	261
Toupe	249	Volpernil	249
Tridon	234	Wrobleski	257

Imp. de Paul Dupont, 41, rue Jean-Jacques-Rousseau.— 1313.6. 71.)

E. LACHAUD, ÉDITEUR

4, PLACE DU THÉATRE-FRANÇAIS, A PARIS

LE SIÉGE DE PARIS, par Francisque SARCEY, un fort volume avec carte, in-18. Prix 3

L'INVASION (1870), par Albert DELPIT, un beau volume in-18. Prix franco 2

CHATEAUDUN, UNE PETITE BOURGEOISE, LES ASSIÉGÉES, poésies par Henri DE BORNIER, brochure in-12. Prix franco . . . . » 50

LE BOMBARDEMENT DE GOMORRHE, strophes par Abraham DREYFUS. Brochure in-12. Prix franco . . . . . . » 50

VOIX DES SILENCIEUX A LA PATRIE, poésie par Albert PINART. Brochure in-12. Prix franco . . . . . . » 50

LE VANDALE DU NORD, poésie par A. GEORGES, lieutenant de garde mobile (Côte-d'Or), brochure in-12. Prix franco . . . . » 50

A GUILLAUME DE PRUSSE, SUR SON ENTRÉE DANS PARIS, poésie par J. MAILLARD, brochure in-12. Prix franco. » 50

INDEMNITÉS DUES A LA PROPRIÉTÉ PRIVÉE par suite de la guerre, par A. VINCENT, avocat à la Cour d'appel. Brochure in-8°. Prix franco . . . . » 50

LE SALUT DES PEUPLES EUROPÉENS, suivi d'un projet de constitution, par P. DU BELLET. Brochure in-8°. Prix franco 1

QUE VONT DEVENIR LA GARDE NATIONALE, LA GARDE MOBILE ET L'ARMÉE ? par EDWARD, licencié en droit. Brochure in-8°. Prix franco . . . . » 50

DU MANDAT DE L'ASSEMBLÉE, par EDWARD, licencié en droit. Brochure in-8°. Prix franco . . . . . . » 30

MONARCHIE ET RÉPUBLIQUE, par Paul BRANDAT. Brochure in-18. Prix franco . . . . » 50

Paris-Imp. PAUL DUPONT (41 rue Jean-Jacques-Rousseau).

www.ingramcontent.com/pod-product-compliance
Lightning Source LLC
Chambersburg PA
CBHW070750170426
43200CB00007B/717